NLP를 묻다
밀턴 에릭슨에게

NLP를 묻다 밀턴 에릭슨에게

정귀수 지음

저절로북스

차례

9   밀턴 에릭슨을 모델링하라

27   자연스러운 전략적 상담을 시도하다

45   삶에는 늘 심층 메시지가 있다

65   에릭소니언 언어 경험 모델

87   메타 모델과 밀턴 모델

105   현대 최면의 거장에게 듣는 최면의 정의

125 마음이 변하는 모든 현상은 최면이다

143 자기 최면을 극대화하는 방법

161 최면 유도의 실체

183 진정한 밀턴 에릭슨의 후예가 되려면

201 에릭소니언 최면에 실패는 없다

225 창조적 무의식이 변화의 근원이다

일러두기

1. 『밀턴 에릭슨에게 NLP를 묻다』는 저자 정귀수가 진행한 〈에릭소니언 대화 최면 과정〉 강의의 일부를 책으로 옮긴 것입니다.
2. 강의를 책으로 옮기는 과정에서 구성과 내용이 수정되었습니다.
3. 강의라는 특수성을 고려하여 구어체를 그대로 사용하였으며 일부 영어식 표현도 그대로 두었습니다.
4. 책의 제목은 『 』로, 강의와 영화의 제목은 〈 〉로 구분하여 표기하였습니다.
5. 국내에 미출간한 책은 번역한 제목으로 영어 원제와 함께 표기하였습니다.

네이버 카페 "에릭소니언 NLP 공부 모임"에서
더 많은 동영상과 칼럼을 보실 수 있습니다.
http://cafe.naver.com/allissstory

01

밀턴 에릭슨을 모델링하라

에릭슨은
트랜스는 일상의 자연스러운 경험이라고 말하며
삶의 모든 순간에서
다른 사람의 무의식을 바라보며 관계를 맺었습니다.
에릭소니언 최면의 작동 원리와
관계의 역동을 이해하면
상담실을 넘어 삶의 모든 순간에
최면과 NLP가 올바르게 활용될 수 있습니다.

심리치료와 최면의 천재, 밀턴 에릭슨

국내는 물론 해외의 NLP 세미나에 참석해도 의외로 밀턴 에릭슨Milton H. Erickson에 대해 잘 모르는 사람을 많이 만납니다. NLP를 배우면서 그의 이름은 들어봤지만 구체적으로 어떤 배경과 사상을 가지고 있는지, 어떤 치료 사례를 남겼는지는 잘 알지 못합니다. 심지어 밀턴 모델이라는 이름이 밀턴 에릭슨의 이름에서 따왔다는 것도 모르는 경우가 많습니다. 에릭슨에게는 그저 모호한 이미지의 신비로운 최면가라는 인상만 남아 있을 뿐입니다. 에릭슨이 그의 전 생애에 걸쳐서 최면이라는 학문이 가진 신화적이고 비과학적인 어감을 분리하고 과학과 의학의 영역에 최면이 자리매김하도록 노력해왔음은 물론 NLP의 모델링* 대상으로써 절반 이상의 원리와 기법이 그의 사례를 바탕으로 만들어졌음을 생각하면 참으로 안타까운 일입니다.

밀턴 에릭슨은 심리치료와 최면 분야의 독보적인 천재였습니다. 프로이트가 심리치료의 이론에 기여했다면 에릭슨은 심리치료의 실제에 기여했다고 볼 수 있습니다. 하지만 그가 활동하는 동안에는 학계에서 그다지 큰 유명세를 누리지 못했습니다. 사실 그는 유명세를 누리기를 선택하지 않았습니다. 왜냐하면 에릭슨은 학파를 세우면 자신의 치료 방법이 하나의 기술로써 규격화되고 정형화될 것을 우려했기 때문입니다. 그래서 다른 거장들처럼 독자적인 학파를 구축하기를 원했던 제자들에게 에릭소니언 최면 Ericksonian hypnosis이라는 것은 따로

---

* 대상이 어떻게 특정 행동과 결과를 만들어내는지에 관심을 두고 대상의 주관적 경험에 대한 이해를 통해 다른 사람도 동일한 결과를 낳을 수 있도록 만드는 과정

존재하는 것이 아니며 에릭슨 자신의 무의식과 내담자의 무의식의 만남이 있을 뿐이라고 이야기했습니다.

어쩌면 당연한 것일지도 모릅니다. 에릭슨의 사례는 분석과 분류는 가능할지언정 그것을 실행하는 것은 에릭슨이 아니고는 할 수 없는, 아니 에릭슨과 내담자가 함께 만들어내는 마법이었기 때문입니다. 보통 사람으로는 상상도 할 수 없는 삶을 살아온 에릭슨이었기에 그 체험에서 비롯된 정형화되지 않은 사례들은 겉으로 드러난 형태를 모방한다고 같은 결과를 낳을 수 있는 것이 아니었습니다.

긴 시간 자신의 학문을 규정짓고 정형화하기를 거부했던 에릭슨은 말년에 이르러서야 생각을 바꾸었습니다. 왜냐하면 에릭슨으로부터 정형화되지 않은 교육을 받은 제자들이 긴 시간을 에릭슨과 함께하면서 그들 자신의 독창적인 통찰을 바탕으로 에릭소니언 최면을 삶에 적용하는 모습을 확인했기 때문입니다. 그리고 그들이 에릭슨의 가르침을 체화하는 과정에서 일목요연하게 정리한 결과를 접하며 에릭슨의 마음을 돌려놓게

된 것입니다.

실제로 NLP의 토대가 된 리처드 밴들러Richard Bandler와 존 그린더John Grinder의 두 번째 책 『밀턴 에릭슨의 최면 패턴 Patterns of the Hypnotic Techniques of Milton H. Erickson, M.D』 1편의 서문에서 에릭슨은 자신의 딸 크리스티나가 병원에서 환자를 대상으로 에릭소니언 최면을 사용한 예를 들며, 자신의 최면 기법을 분석한 NLP 창시자들의 책에 찬사를 보냅니다. 이렇게 에릭슨이 그의 기법을 정리하고 이론화하는 것을 허락하면서 그의 후예를 자처하는 많은 전문가와 단체들이 에릭슨의 정신을 이어받아 활발한 연구와 임상 활동을 펼쳐나갔고 그 결과 에릭슨의 이름은 본격적으로 세상에 알려지게 되었습니다.

리처드 밴들러와 존 그린더가 창시한 NLP는 네 권의 책을 토대로 하고 있습니다. 그들은 20세기 최고의 심리 상담가를 모델링하는 프로젝트를 진행하면서 게슈탈트 심리치료의 창시자 프리츠 펄스Fritz Perls와 가족 치료의 대가 버지니어 사티어Virginia Satir의 심리 상담 방법을 분석합니다. 그렇게 두 사람을 모델링하고 분석하여 만든 『NLP, 그 마법의 구조The struture of magic』 1, 2편이 출간되었습니다. 그 과정을 함께하고 결과에 만족한 인류학자이자 인공두뇌학의 대가 그레고리 베이트슨Gregory Bateson은 두 사람에게 또 다른 세기의 심리 상담가이자 최면가를 추천합니다. 그가 바로 밀턴 에릭슨입니다. 그렇게 밀턴 에릭슨을 모델링하고 분석하여 NLP의 토대가 된 두 번째 책 『밀턴 에릭슨의 최면 패턴』이 출간됩니다. NLP의 절반은 밀턴 에릭슨에게 빚을 지고 있는 셈입니다.

NLP 상담실을 벗어나다

NLP가 대중적으로 널리 알려지게 된 것은 자기계발과 인간관계 그리고 대중 커뮤니케이션 스킬로 각종 세미나와 워크숍 프로그램에 적용되면서 부터입니다. 『네 안에 잠든 거인을 깨워라』로 유명한 세계적인 동기부여 코치 앤소니 로빈스Anthony Robbins는 그의 자기 계발 프로그램에 NLP의 사상과 기술의 많은 부분을 사용한 것으로 잘 알려져 있습니다.

하지만 현재의 이런 인식과는 달리 NLP는 본래 상담을 위한 기법이었습니다. 천재적인 최면가이자 정신과 의사였던 밀턴 에릭슨의 상담 기법을 모델링해서 누구나 배우고 익혀 사용할 수 있도록 하는 것이 NLP의 본래 목적이었음을 생각하면 당연한 일입니다. 언어학과 상담심리학, 그리고 인공두뇌학 분야의 전문가들이 모여 만들어낸 이 기법은 언어를 통해 사람의 내적 심상을 촉발하고 변화시켜 생리적, 심리적 수준에서 변화를 일으키는 데 탁월한 효과를 발휘하였습니다.

NLP가 기존의 최면과 두드러지게 다른 점은 깊은 트랜스**나 이완이 필요하다고 여긴 당시의 최면과는 달리 일상적인 상태로 상담실에서 대화하는 것만으로 상대방에게 최면을 건 것과 같은 변화를 일으킬 수 있었기 때문입니다. 이는 NLP의 모델링 대상이었던 밀턴 에릭슨의 유산입니다. 에릭슨이 콜로라도 주립병원에서 인턴 과정을 이수할 때, 병원의 정신과 의사들은 그에게 최면 치료를 허용하지 않았습니다. 하지만 에릭

** 기존의 경직되고 습관적인 패턴이 중단되고 개인이 자신의 내면이나 특정 주제에 주의를 집중함에 따라 일어나는 변형된 의식 상태

슨은 최면이 치료적 도구로 유용하다는 확신이 있었기 때문에 최면 세션이라는 의식^{ritual} 없이도 같은 효과를 낳을 수 있는 방법(에릭소니언 최면)을 창안하였습니다.

NLP와 최면의 또 다른 차이는 최면을 유도하기까지의 절차와 스크립트를 중요하게 여긴 당시의 최면과 달리 NLP는 인간의 두뇌에 대한 명확한 모델을 제시했다는 점입니다. 또 언어가 이 모델에 어떻게 작용하는지, 우리가 사용하는 언어의 구조와 패턴, (시각, 청각, 체감각의) 표상체계, 표상체계의 하위 양식 등 그동안 이름이 붙어 있지 않았던 의식 작용에 구체적인 이름을 붙였다는 점입니다. 그 결과 사람의 마음이 작동하는 원리에 대한 큰 그림을 이해할 수 있게 되었고, 부분과 전체의 유기적인 움직임을 배우고 익힐 수 있게 되었습니다. 이는 NLP 창시자들의 유산입니다.

이 둘의 만남이 놀라운 결과를 낳았습니다. 기존 심리학과 자기계발에서는 절대로 나올 수 없었던 구체적이고 효과적인 대화를 통한 변화의 방법론이 탄생한 것입니다. 그 결과 NLP

는 상담실에서 심리적인 문제를 해결하는 것뿐 아니라 기업에서는 직원들의 동기를 부여하고 상호 관계성을 돕는 한편 정부, 군대, 스포츠 영역에서도 습관을 교정하고 탁월한 성과를 낳는 데 활용하는 등 다양한 영역에서 사용되었습니다.

이렇게 다양한 분야에 적용된 NLP지만 평범한 가족관계, 연인관계, 자기계발, 대중 커뮤니케이션으로 사용하기에는 여전히 부족한 부분이 있었습니다. 왜냐하면 NLP는 상담실에서 사용하는 것을 전제로 만들어졌기 때문입니다. 그래서 상담가와 내담자, 의사와 환자, 강사와 학생의 관계와 같은 권위와 추종의 관계에서는 어느 정도 효과를 발휘하지만 그 외의 동등한 관계에서는 효과를 보장하기가 어려웠습니다.

에릭소니언 최면을 깊이 이해하고 이를 일상생활로 확장하고자 하는 것은 이 때문입니다. 밀턴 에릭슨의 사례에는 의사이자 상담가로서의 치료 사례뿐 아니라 자기 자신의 다양한 인생 경험 및 가족 간의 갈등과 사고를 해결한 사례로 가득합니다. 그에게 최면은 특별한 능력이 아니라 삶의 일부였기 때문입니다. 에릭슨은 "트랜스는 일상의 자연스러운 경험"이라고 말하며 삶의 모든 순간에서 다른 사람의 무의식을 바라보며 관계를 맺었습니다. 에릭소니언 최면의 작동 원리와 관계의 역동을 이해하면 상담실을 넘어 삶의 모든 순간에 최면과 NLP가 올바르게 활용될 수 있습니다.

이론과 기법을 넘어선 에릭소니언 최면

기존의 에릭소니언 최면을 다룬 도서는 사례를 분석하고 분류하는 것에 초점이 맞춰져 있습니다. 사례의 유형에 따라서 주의분산, 활용, 방향전환 등의 카테고리를 만들고 비슷한 유형의 사례를 모아 제시하는 형식입니다. 이는 지극히 '의식적'인 활동입니다. 이미 만들어진 결과를 '이해하는' 데는 유용할지 모르지만 상대방과 직접 대화를 하면서 원하는 결과를 '유도하는' 데는 도움이 되지 않습니다. 왜냐하면 에릭슨은 사람의 마음을 '의식적'으로 유도하지 않았기 때문입니다. 마치 우리가 김연아 선수의 아름다운 동작을 분석하고 설명할 수는 있지만 분석하고 분류하는 것만으로는 그 동작을 똑같이 표현할 수 없는 것과 마찬가지입니다.

에릭슨의 접근은 분석적 치료 이론을 바탕으로 한 것이 아니라 상담가 자신이 내담자가 처한 세계를 경험하고 고착된 패턴을 발견한 후 체험을 통해 새로운 의미를 발견하도록 안내하는 방법이기 때문입니다. 그러므로 우리가 배워야 하는 것은 에릭슨의 사례를 분류하는 것이 아니라 에릭슨이 어떻게 내담자가 경험하는 세계를 함께 체험하고 이해했으며 내담자가 보지 못하는 세계를 체험하도록 제안했느냐 하는 것입니다. 수영을 잘하기 위해 박태환 선수가 수영을 할 때 움직인 팔의 회전수를 분석하는 것이 아니라 물속에서 팔을 움직일 때 물의 저항을 최소화하면서 빠르게 몸이 나아가도록 하는 방법을 경험해야 하는 것처럼 말입니다.

한번은 에릭슨이 이야기를 시작하자 함께 연구를 진행했던 어니스트 로시Ernest Rossi가 천장 쪽을 바라보며 생각에 잠겼습니다. 로시는 에릭슨이 원형archetype을 어떻게 이끌어낼지, 심리적인 DNA의 재결합을 어떻게 만들어낼지를 고민하며 깊은 생각에 빠져 있었습니다. 그 모습을 본 에릭슨은 "로시, 내담자는 이쪽이야, 천장에 내담자는 없어."라고 말했습니다. 이처럼 에릭슨의 기법을 배우려는 많은 사람의 머릿속이 이론으로 가득합니다. 하지만 에릭슨의 관심은 오로지 내담자에게 있었습니다. 우리가 배워야 할 것은 바로 이런 태도입니다.

이 책은 밀턴 에릭슨을 모델링하는 과정에서 태어났습니다. NLP 창시자인 존 그린더는 "어떻게 모델링하는지를 모른다면, 당신은 정말로 NLP를 아는 것이 아니다."라고 말했습니다. NLP의 초기부터 밴들러와 그린더는 스스로를 '모델링하는 사람'으로 언급해왔습니다. 그래서 NLP의 유산과 미래는 항상 모델링의 과정에 있습니다. NLP가 성장하고 채워지고 풍부해지는 과정의 근본 메커니즘이 모델링인 것입니다. 안타깝게도 NLP를 단순히 타인의 마음을 조작하는 기술로 이해하는 사람이 여전히 대다수입니다. 예스 세트[***], 잠입명령문, 스

[***] 상대방이 부정할 수 없는 내용에 대하여 예스를 연속해서 말하도록 유도한 후, 조종을 위해 의도된 제안에도 예스를 말하도록 유도하는 방법

위시, 영화관 기법 등의 기술을 배우고 사용하는 것이 NLP라고 착각하고 있는 것입니다. 그리고 다른 사람에게 이 기술을 사용하기 위해 "어떻게 예스를 말하도록 질문을 할까?"와 같은 생각으로 머릿속이 복잡합니다. 아마도 그런 독자들에게 에릭슨은 말할 것입니다. "우리가 만날 사람은 이쪽입니다. 머릿속에는 그 사람이 없어요."

왝더독wag the dog이라는 말이 있습니다. 개의 꼬리가 몸통을 흔든다는 의미입니다. 위에서 언급한 NLP 기법은 에릭슨과 같은 결과를 낳기 위한 모델링의 결과를 정리한 내용입니다. 하지만 국내의 NLP는 오히려 기법에 휘둘려서 몸통인 모델링의 대상(밀턴 에릭슨)이 의미를 상실하고 말았습니다. 앞에서 에릭슨이 우려했던 것처럼 에릭슨이 전하고자 했던 핵심 가치는 점점 빛을 잃고 이론과 기법으로 인해 경직되고 정형화된 기술만 남은 것입니다. 저는 NLP 트레이너로서 밀턴 에릭슨을 연구하는 과정에서 그의 상담 기법의 정수가 패턴이나 기술에 있는 것이 아니라는 사실을 알아차렸습니다. 겉으로 보이는 상담 사례만 놓고 보면 에릭슨의 사례는 마술과 같은 경우가 많았습니다. 때로는 지나친 비약으로 읽혔고, 때로는 이해할 수 없는 제안으로 들리기도 했습니다. 그래서 애리조나 주에 살았던 이 불가사의한 상담가를 많은 사람들이 '사막의 마법사 Wizard of the Desert'라 불렀을 것입니다.

하지만 에릭슨의 사례를 연구하다 보니 어느 순간 에릭슨 상담 기법의 정수가 관통하듯 이해되는 순간이 있었습니다. 밀턴 에릭슨이 어떻게 사람을 만나고 변화를 이끌었는지, 그 주관적 체험을 모델링하는 과정에서 에피소드만으로는 이해되지 않던 역동과 맥락들이 발견되기 시작한 것입니다. 그때부터 저는 에릭소니언을 자처하며 에릭슨의 대화 최면과 관계 분석, 그의 가치를 담은 NLP를 집중적으로 연구하고 강의하기 시작했습니다. 그 과정에서 발견한 에릭소니언 최면의 '방법'을 이 책에 담았습니다. 이 책은 그 결과를 나누고자 에릭소니언 NLP 심리 연구소에서 진행된 〈에릭소니언 대화 최면 과정〉 강의의 일부를 재구성한 것입니다.

〈에릭소니언 대화 최면 과정〉은 NLP의 모델링과 언어, 현대 최면의 근본 원리, 최신 상담심리학의 관점이 반영되었으며 에릭슨의 방법론을 뒷받침하는 인지언어학과 신경과학의 최근 연구결과를 바탕으로 만들어졌습니다. 제2장부터는 강의의 현장감을 느낄 수 있도록 구어체로 진행됩니다.

1970년대에 로버트 딜츠 Robert Dilts, 스티븐 길리건 Stephen Gilligan 등 에릭슨의 제자들이 연구를 위해 애리조나 피닉스로 갔을 때, 그들은 에릭슨에 대한 궁금증으로 가득했습니다. 그리고 여러 가지 이론을 물었습니다. "이런 유형을 가진 내담자에게 당신의 특정 접근법을 사용하면 결과를 낳을 수 있을까요?" 이러한 질문에 에릭슨은 "나는 모릅니다."라고 대답했습니다. "이 문제를 다루기 위해 이 프로세스를 사용하면 작동할까요?"라는 질문에 에릭슨은 여전히 "나는 모릅니다."라고 대답했습니다. 에릭슨은 사람을 유형으로 분류하고 그에 맞는 특정한 접근법을 사용하지 않았습니다. 그래서 정형화된 질문에는 모른다는 대답밖에 할 수 없었던 것입니다.

부디 이 책을 읽는 여러분께서는 분석과 판단의 마음을 놓아버리고 온전히 모름으로써 에릭슨이 세상을 바라보는 관점에 몰입하시기 바랍니다. 그러한 접근으로 임한다면 이 책을 덮을 때쯤에는 자신만의 에릭소니언 최면과 NLP를 펼칠 수 있게 될 것입니다.

02

자연스러운 전략적 상담을 시도하다

최면은
우리가 행하는 모든 언어적 비언어적 행위를
더 정교하고 세밀하게 다듬고
다른 사람에게 내가 전달하고 싶은 체험을
생생하게 전달하는
가장 효과적인 방법입니다.

노출 최면과 잠입 최면의 차이

초반부에는 강의를 진행하며 자연스럽게 사용하게 될 용어를 익히는 것이 중요합니다. 노출과 잠입, 직접 제안과 간접 제안의 차이를 이해하고 해당 용어를 제가 사용했을 때 동일한 개념을 머릿속에 떠올릴 수 있어야겠죠. 에릭슨은 최면을 신비의 영역에서 과학의 영역으로 끌어올리기 위해 오랫동안 노력해왔습니다. 최면의 이름을 사용하고 있는 이상 그 개념을 정확히 분류하는 것이 여러분의 이해를 도울 수 있을 것입니다. 노출^{overt}과 잠입^{covert}은 일반적으로 최면 계통에서 사용하는 용어로 치료적 최면이나 무대 최면과 일상생활의 최면을 구별하기 위해 이름 붙인 것입니다. 개인적으로는 최면가들이 마케팅 측면에서 더 은밀하게 조종한다는 느낌을 주기 위하여 잠입 최면이라고 이름을 붙인 것이 아닌가 생각합니다. 에릭슨은 기존의 형식적formalized이고 의식화된ritualistic 최면과 자신의 최면을 구분하기 위해 자신의 기법을 자연스러운naturalistic 최면이라고 불렀습니다.

여기서는 최면을 간단하게 노출과 잠입으로 구분하겠습니다. "자, 지금부터 최면을 시작하겠습니다. 눈을 감으세요."와 같이 세션의 형태를 취하고 있으면 노출 최면입니다. 그리고 "지금부터 최면을 시작하겠습니다."라는 말을 하지 않고 일상생활에서 누군가와 대화를 나누거나 강의와 같은 대중 커뮤니케이션에 최면의 원리를 활용하면 잠입 최면입니다.

앞서 이야기한 것처럼 밀턴 에릭슨은 의사였으며 당시의 의료계에서는 최면의 사용을 금지하였기 때문에 환자와의 대화에서 최면을 언급하지 않고 같은 효과를 낳는 잠입 최면을 사용하였습니다. 우리가 일상에서 누군가에게 최면 세션을 받도록 권유하거나 최면 쇼를 진행하는 일은 흔하지 않기 때문에 최면 치료를 전문으로 하는 상담가가 아니라면 일상적인 언어를 사용하는 모든 순간에 최면의 원리를 적용하고 활용할 수 있는 잠입 최면이 더 도움이 될 것입니다.

노출 최면의 경우, "자, 이제 최면을 시작하겠습니다."라는 말로 시작하게 됩니다. 이 경우 사람마다 가지고 있는 최면에 대한 고정관념의 영향을 받게 됩니다. 최면에 대한 마술과 같은 환상이 있어서 드라마틱한 행동의 변화나 습관의 변화가 일어난다든가, 최면은 굉장히 강력해서 나는 가만히 누워만 있어도 최면가가 하는 말을 듣게 되면 내 삶이 변할 것이라든가 하는, 최면으로 일어나는 현상에 대한 이미지가 있는 것입니다. 이 이미지, 내적 가치, 믿음 체계가 굳건히 확립되어 있다면, 최면으로 강력한 효과를 볼 수 있습니다. 빙의나 전생 체험 같은 신비한 현상도 일어날 수 있습니다. 그런데 그걸 믿지 않는 경우에는 최면의 효과가 전혀 나타나지 않습니다. 전생이 없다고 믿고 있다면 전생 최면 세션에 들어가도 전생 최면이 잘 일어나지 않습니다.

반면에 잠입 최면은 이제부터 최면을 한다고 드러내서 말하지 않기 때문에 최면이라는 관념의 힘을 이용할 수 없다는 단점이 있습니다. 그런데 사실 요즘에는 사람들이 굉장히 비판력이 높아져서 의심도 많고 최면의 효과에 대해서도 반신반의하는 경우가 많습니다. 최면을 받으러 갈 때 확신을 가진 경우보다는 의심 반, 기대 반으로 "과연 최면이 도움이 될까?"라는 생각으로 가는 경우가 많습니다. 따라서 노출 최면으로 얻는 이익은 그렇게 크지 않습니다. 에릭슨도 의식적인 절차를 사용하여 최면에 대한 거부감을 초래하는 대신 보다 상징적이고 간접적인 방법들을 활용한다면, 오히려 의도된 직접적인 방법보다 더 큰 영향을 줄 수 있다고 말했습니다.

앞서 잠입 최면이라는 이름이 마케팅을 목적으로 지은 것이라고 이야기한 것과 같은 맥락에서 에릭슨의 잠입 최면에 대해 혹자는 지나치게 타인을 조종manipulate하는 느낌을 받는다고 이야기합니다. 이런 의문과 오해에 대하여 에릭슨은 아래와 같이 답했습니다.

    누군가 제 상담실의 문을 두드리면 저는 "들어오세요."라고 말합니다. 그리고 "자, 이제 자리에 앉으세요."라고 말합니다. 이것은 제가 그를 조종한 것인가요? 네, 그렇습니다. 제가 상대방을 저녁 식사에 초대한다면 이 또한 상대를 조종한 것입니다. 제가 오페라에 함께 가자고 제안하고 당신이 따른다면 당신은 조종 당한 것입니다. 조종이 없는 삶이란 무엇인가요? 엄마는 아이를 돌보고 상사는 오늘 할 일을 지시하고 당신은 그것을 따릅니다. 의사는 팔이 부러진 환자, 위궤양을 앓는 환자를 치료합니다. 선생님은 학생에게 알파벳을 어떻게 읽고 써야 할지 가르칩니다. 이 모든 것이 조종입니다. 제가 지나치게 조종한다는 사람들에게 그 말이 틀림없다고 이야기하세요. 조종의 세계에 오신 것을 환영합니다(웃음). 엄마와 아빠에게 쇼를 보고 싶다고 조르는 아이를 보세요. "나는 꼭 가야 해요! 다른 친구들도 모두 간다고요!" 그 아이는 부모를 조종하고 있습니다. 다만 이에 휘둘리는 것은 잘못된 조종일 뿐입니다. 당신은 누군가를 바르게 조종하고 있나요?

자기 암시autosuggestion, 최면 암시hypnotic suggestion라는 말이 있습니다. 이는 잘못된 표현입니다. 최면에 암시는 없습니다. 최면에는 오직 제안suggestion이 있을 뿐입니다. 앞서 에릭슨의 말에서 오페라에 가자고 하거나 저녁 식사에 초대하고 자리에 앉도록 하는 모든 행위는 상대에 대한 제안으로 이루어집니다. 최면도 이와 정확히 똑같습니다. 그렇기 때문에 우리가 하는 모든 언어적 비언어적 행위는 상대에게 영향을 미치는 최면 제안입니다. 잘 보이고 싶은 상대를 만나기 전에 화장을 하거나 면도를 하고, 좋은 옷을 챙겨 입는 것은 당연하게 여기면서 최면에는 어떤 교묘하고 악의적인 수법이 존재한다고 착각하는데, 그렇지 않습니다. 최면은 우리가 행하는 모든 언어적 비언어적 행위를 더 정교하고 세밀하게 다듬고 다른 사람에게 내가 전달하고 싶은 체험을 생생하게 전달하는 가장 효과적인 방법입니다.

간접 제안의 달인이 되다

일반적인 최면과 에릭슨의 최면을 구분하는 또 하나의 특징은 직접 제안과 간접 제안입니다. 이것은 제안의 형태에 따른 분류입니다. 직접 제안은 말하는 언어와 의미가 일치하는 방식입니다. 예를 들어 친구에게 "같이 밥 먹을까?"라고 물어보는 것은 말하는 언어와 의미가 동일합니다. "같이 밥 먹을까?"라는 제안에는 함께 밥을 먹자는 의미가 담겨 있습니다. 그런데 만약에 친구와 길을 걷고 있다가 "아, 배가 고프다."라고 말한다면 언어적으로는 단순히 배가 고프다고 이야기하고 있지만, 맥락 안에서 함께 밥을 먹자라는 의미로도 해석될 수 있고, 상대방도 그렇게 느끼게 됩니다. 이처럼 말하는 언어의 표층 의미와 심층 의미가 일치하지 않는 것을 간접 제안이라고 합니다.

다른 예를 들어볼까요? 손님이 집에 들어왔을 때 "여기 의자에 앉으세요."라고 말하면 직접 제안입니다. 그런데 단지 "여기 의자 있어요."라고 말한다면 말 자체는 여기에 의자가 있다고 말했을 뿐이지만, 간접 제안으로 여기에 앉으라는 의미가 전달됩니다. 즉 자연스럽게 "여기 의자에 앉으세요."라는 말과 같은 반응을 이끌어 낼 수 있는 것입니다.

밀턴 에릭슨은 일상에서 이런 간접 제안을 많이 사용했습니다. 에릭슨은 어릴 때 소아마비를 앓아서 거의 전신이 마비되었음에도 정신력으로 움직일 수 있는 아주 작은 부위부터 몸을 움직이기 시작하여 대학에 들어갈 즈음에는 놀랍게도 목발을 짚고 걸어 다닐 정도로 회복이 되었습니다. 그즈음 에릭슨의 담당 의사는 몸이 좀 불편하더라도 자연 속에서 많은 시간을 보내도록 권유했습니다. 그래서 에릭슨은 친구와 함께 10주 동안 미시시피 강을 따라 카누 여행을 가기로 계획을 세웠습니다. 미시시피 강은 세계에서 세 번째로 긴 강으로 거칠기로 유명합니다. 그런데 친구가 사정이 생겨 못 가게 돼 버렸습니다. 밀턴 에릭슨은 고민 끝에 몸이 불편한 상황에서도 혼자 여행을 떠나기로 결정합니다. 불편한 몸으로 10주 동안의 미시시피 강 종주 여행을 떠나며 고작 2주 동안 먹을 수 있는 음식 약간과 책 몇 권, 4달러를 가지고 길을 떠났다고 합니다. 강을 종주하며 중간에 농부를 도와 돈을 벌기도 하고, 자기가 할 수 있는 요리 기술을 전수해서 밥을 얻어먹기도 하며 1,200마일 정도 되는 강을 카누로 여행하고 집으로 돌아왔습니다. 에릭슨이 집으로 돌아올 즈음에는 목발 없이 절뚝거리면서 걸을 수 있을 정도로 건강이 좋아졌다고 합니다.

재미있는 것은 이렇게 여행하는 동안 카누를 타고 갔기 때문에 카누에서 내리면 배를 강 옆에 대야 했다는 점입니다. 카누가 강에 떠내려가지 않도록 뭍으로 배를 끌어올려야 하는데, 아무래도 몸이 불편하기 때문에 도움이 필요할 때가 굉장히 많았습니다. 그럴 때 에릭슨은 직접적으로 도움을 요청한 적이 거의 없다고 합니다. 간접 제안을 사용한 것입니다. 몸이 불편한 사람을 보면 누구든 도와주고 싶은 마음이 들게 마련입니다. 그렇게 만나는 사람의 성향에 맞는 말과 행동으로 마음을 움직여서 다른 사람이 스스로 에릭슨을 도와서 카누를 뭍으로 끌어올리도록 만들었던 것이죠.

에릭슨이 사용했던 간접 제안의 방식은 그의 개인적 체험의 산물이라고 할 수 있습니다. 소아마비로 전신이 마비되었던 에릭슨은 청력과 시력, 눈을 움직이는 능력밖에 남지 않은 고통스러운 상황에서 특유의 호기심으로 다른 사람을 주의 깊게 관찰하고 그 사람으로 하여금 자기가 바라는 결과를 이끌어내도록 하는 능력을 키웠습니다. 에릭슨이 직접 강의하는 동영상을 보면 굉장히 재미있습니다. 학생들이 질문을 던지면 에릭슨은 그 질문에 대해서 단 한 번도 직접적으로 답을 주지 않습니다. 갑자기 어떤 사례를 이야기하기 시작하고, 역으로 다시 질문을 던지거나 주제와 관계없어 보이는 지시를 하기도 합니다. 그러면 학생은 에릭슨의 질문에 대한 대답을 떠올리고 지시를 수행하고 관계없어 보이는 사례를 곰곰이 생각하는 과정에서 자신이 던진 질문에 대한 해답을 스스로 발견합니다.

에릭슨의 대표적인 치료 방법으로 거론되는 은유metaphor도 간접 제안의 한 방법입니다. 하지만 에릭소니언 최면을 배웠다는 사람조차도 이 은유를 제대로 사용하는 사람을 본 적이 없습니다. 은유의 형식은 취하고 있지만 기본적으로 상대방을 분석하거나 판단, 평가하고 바꾸어야 하는 방향을 정해놓은 후 교훈적인 우화를 이야기하는 방식으로 사용합니다. 참으로 안타까운 일입니다. 깊은 고민으로 괴로워하는 사람에게 "내 얘기를 들어봐. 이런 사례가 있으니 넌 고민할 필요가 없어." 이런 태도로 이야기하는 것은 에릭슨이 사용한 은유라든가 간접 제안이라고 말할 수 없습니다. 이성적인 판단과 평가는 상대방의 마음을 닫히게 만들 뿐이기 때문입니다. 상대방의 세계를 충분히 체험하고 지지할 때 그제야 상대방도 안심하고 은유와 질문, 제안에 응답할 수 있는 상태가 될 수 있습니다. 은유라는 형식이 아니라 내 앞에 있는 상대방의 상태를 확인하고 적절한 제안을 하는 방법을 배우는 것이 필요합니다.

따라서 간접 제안의 핵심은 듣는 사람이 스스로 깨달을 수 있도록 최면가는 촉발시키는 사람이 되어야 한다는 것입니다. 촉발이 이루어지기 전에 미리 깔아두어야 할 전제들을 매설해 놓는다고 할까요. 마치 지뢰처럼 말이죠. 배경에다 여러 전제를 깔아놔야 합니다. 뜬금없는 상황에서 그냥 배고프다고 말하면 '아, 이 사람 배고픈가보다' 하고 더 이상 아무런 프로세스를 하지 않습니다. 그런데 충분한 맥락이 확보되면 얘기가 달라집니다. 예를 들어 저녁 시간에 우연히 만났다든가, 약속을 저녁 시간에 잡았는데, "어, 저기 맛있는 식당이 있다."라고 말하면 같이 저녁을 먹자라는 의미가 연결됩니다. 이렇게 맥락을 형성하기 위한 전제를 미리 확보해놓는 것입니다. 에릭슨의 심리 치료를 전략적 심리치료strategic psychotherapy라고 부르는 이유도 바로 전제를 충분히 매설하여 받아들일 만한 맥락을 만들어 놓고 상담을 진행하기 때문입니다.

이처럼 언어적, 비언어적으로 적절한 맥락을 확보해놓아야 특정한 의미의 연결이 일어납니다. 자리에 앉아야 하는 맥락이 있어야 "저기 의자 있어요."라는 말을 들었을 때 자연스럽게 의자로 가서 앉을 수 있습니다. 그냥 말 자체만 두고 봤을 때는 저기 의자가 있다는, 의자의 존재 유무에 대한 정보를 제공할 뿐입니다. 의자가 있다는 말을 듣고 의자에 가서 앉으려면 "이 사람이 자리에 앉고 싶어 한다." 또는 "자리에 앉아서 이야기를 시작하자."와 같은 맥락이 형성되어 있어야 합니다. 그래야 그 말을 했을 때 의자에 앉는 결과를 낳을 수 있습니다. 간접 제안을 은유적으로 사용할 때도 맥락과 관계의 정립이 필수입니다. 그 사람과 나의 관계 그리고 환경이 적절하게 융합이 됐을 때 관계없어 보이는 제안도 듣는 사람에게 의미 있는 제안으로 연결됩니다.

에릭슨의 딸인 베티 앨리스 에릭슨 부부에게는 어린 아들 둘이 있었는데, 1960년대에 베트남 아이 한 명을 입양합니다. 베티 앨리스는 푸른 눈에 흰 피부였고 두 아들도 금발에 푸른 눈을 하고 있었습니다. 이 시기에 다른 인종의 아이를 입양하는 것은 흔치 않은 일이었고 미국의 많은 주에서는 심지어 불법이었습니다. 입양 딸인 킴벌리가 눈에 띄게 달랐기 때문에 에릭슨은 아이에게 '생강 과자* 소녀gingerbread girl'라는 별명을 붙여주었습니다. 그리고 딸의 가족이 방문할 때마다 항상 식탁에 생강 과자를 준비해놓고, 오직 킴벌리만이 이를 나눠줄 수 있도록 하였습니다. 킴벌리의 오빠들은 그런 킴벌리를 부러워했습니다. 에릭슨은 손녀에게 갈색의 달콤한 생강 과자는 사람들이 늘 가질 수 없는 특별한 선물이라고 이야

---

* 생강을 첨가하여 만드는 과자의 한 종류로 일반적으로 사람 모양을 하고 갈색 빛을 띠고 있다.

기하였습니다. 이런 에릭슨의 간접 제안은 킴벌리가 미국 사회를 살아가며 늘 자신을 생강 과자처럼 특별한 사람으로 인식하게 만들었습니다.

이 사례에서 에릭슨은 킴벌리에게 피부색이 다를 뿐이라고 지시적으로 말하지 않았습니다. 너는 충분히 사랑스러운 존재라고 말하지도 않았습니다. 그저 아직 아이가 자신이 남들과 다르다는 것을 느끼기 전부터 가족 안에서 갈색의 피부색이 특별하다는 맥락을 형성했을 뿐입니다. 그 결과 킴벌리는 스스로 다른 피부색에 대해 특별한 의미를 부여할 수 있었습니다.

이처럼 간접 제안은 직접 제안보다 속도가 느립니다. 느린 대신에 듣는 사람이 스스로 체험적 의미를 연결하게 되기에 더 강력하게 작동합니다. 에릭슨의 대화 최면은 우리의 모든 말과 행동이 최면 제안으로 작용할 수 있음을 보여주는 자연스러운 기법입니다. 그렇기 때문에 에릭슨이 말하는 문장 하나하나에 집착하여 간접 제안만을 사용했다고 규정하는 것은 최면을 너무 제한적으로 바라보는 것입니다. 그보다 에릭슨은 상대방이 세상을 바라보는 고유한 시각을 인정하면서 '스스로' 다른 사실과 의미를 발견하도록 촉진하는 전략적 최면가였다는 사실을 이해할 필요가 있습니다. 간접 제안도 그와 같은 관점으로 바라볼 때 에릭소니언 최면을 바르게 이해하는 것입니다. 앞으로 최면과 NLP의 이해를 도울 수 있는 에릭슨의 놀라운 사례를 하나씩 소개할 예정입니다. 각 장의 핵심 원리와 밀접하게 연결되어 있는 에릭슨의 사례를 단순히 머리로 이해하지 말고 경험적으로 이해하시기 바랍니다.

03

삶에는 늘 심층 메시지가 있다

무의식 아래 억눌려 있는 감각, 감정, 생각은
우리 몸을 긴장시키고 불필요한 에너지를 소모하게 합니다.
분명 내게 경험되는 감각과 감정이지만
이를 부호화하거나 나의 일부로써 받아들이지 않을 때,
불안, 혼란, 긴장감을 느끼게 됩니다.
그래서 누군가가 그 마음을 알아주기를
오매불망 기다리고 있습니다.

말에는 표층 메시지와 심층 메시지가 있다

에릭슨이 언어를 어떻게 사용했는지 이해하기 이전에 반드시 먼저 알아두어야 할 것이 있습니다. 그것은 에릭슨이 언어 이전에 존재하는 무의식적 마음의 역동을 이해하고 있었다는 것입니다. 많은 내담자와 제자들은 에릭슨이 사람의 마음을 읽는 독심술을 가지고 있다고 믿었습니다. 하지만 그는 자신이 사람의 마음을 읽을 수 없다고 단언했습니다. 그저 끈기 있는 관찰로 상대방의 무의식적 마음이 진정으로 원하는 것을 알아차렸다고 말합니다. 이번 장에서는 사람의 겉으로 드러나는 언어와 무의식적 마음의 차이를 이해하고 변화를 만들어내는 에릭슨의 최면 제안이 무엇을 근거로 하고 있는지 알아보도록 하겠습니다.

우리가 느끼는 감각, 뜨거운 감정, 복잡한 생각, 형상화된 이미지를 언어로 표현할 때 담고자 하는 것을 온전히 모두 담을 수는 없습니다. 겉으로 드러나는 언어의 표층에는 우리가 담고자 하는 것의 제한된 일부만이 담기게 됩니다. 하지만 언어를 사용할 때 마음이 전달하고자 하는 정보의 일부만 담긴다는 것을 의식하는 사람은 거의 없습니다. 그래서 전달하는 사람도 마치 상대방이 나의 깊은 속마음까지 다 이해한다는 것을 전제로 굉장히 많은 것을 삭제해서 전달합니다. 그런데 듣는 사람 또한 상대방이 건넨 표층 언어 아래에 담겨 있는 진짜 체험과 바람을 온전히 이해하려고 하기보다는 표층에 드러나 있는 언어만 가지고 자기의 입맛대로 이해합니다.

언어학에서는 표층 구조와 심층 구조라는 이름으로 이를 설명하고 있습니다. 하지만 최면과 NLP는 언어 영역에 한정된 이야기가 아니고 비언어적 표현과 상황, 맥락이 모두 통합되어 있기 때문에 이 개념을 그대로 가져다 쓰기에는 무리가 있습니다. 따라서 언어학적 표현인 표층 구조, 심층 구조라는 말보다 직관적으로 와 닿을 수 있는 표층 메시지와 심층 메시지라는 이름으로 이 개념을 설명 드리겠습니다.

표층 메시지는 우리가 듣는 단어들 그 자체를 의미합니다. 언어는 때로 글자 그대로의 의미를 전달하고 있기도 하지만 많은 경우 표층 메시지 아래에 함축적인 의미 즉, 욕망과 바람이 깊이 자리하고 있습니다. 이 함축적인 메시지가 바로 심층 메시지입니다. 표층 메시지는 빙산의 일각에 불과합니다. 많은 것이 삭제, 왜곡, 일반화되고 남은 일부만이 표층에 남아 있습니다. 사람들은 실제로 심층에 있는 속마음과 아무런 상관이 없는 이야기를 할 때도 있습니다. 이처럼 겉으로 드러나는 표층 메시지가 아니라 그 안에 내재된 의미, 욕망, 바람 등을 심층 메시지라고 볼 수 있습니다. 사람들은 대개 자신의 속마음을 있는 그대로 드러내지 않습니다. 다른 사람을 속이고 거짓으로 기만한다는 것이 아니라 말하는 사람도 자신이 바라는 바를 정확하게 모르는 채로 별 생각 없이 무의식적으로 이야기한다는 의미입니다. 의식적으로 알고 있어도 그대로 드러내지 않는 경우도 굉장히 많습니다. 우리의 언어는 이렇듯 표층 메시지와 심층 메시지로 이루어져 있음을 깨닫는 것이 필요합니다.

간단한 예를 들어 설명해보겠습니다. "맛있는 점심 드세요." 이런 말을 우리는 직접 말로 할 때도 있고 문자 메시지로 보낼 때도 있습니다. 글자 그대로 해석해보면 점심을 맛있게 먹으라는 의미지만 문자 메시지 마지막에 이 말을 사용하게 되면 대화의 종결을 의미하는 경우가 훨씬 많습니다. "맛있는 점심 드세요."는 점심을 먹어야 하니 문자 대화를 중단한다는 의미가 있는 것입니다. 이것이 바로 심층 메시지입니다.

결혼식을 올리지 않은 채 동거를 하던 부부가 임신을 하게 되었습니다. 젊은 부부의 부모는 아이를 유산시키는 것이 좋겠다고 강권하였고 부부는 강권에 못 이겨 의사의 승인을 얻기 위해 에릭슨을 찾아왔습니다. 에릭슨은 상담을 진행하며 부부가 아이를 잃는 것을 원하지 않는다는 사실을 눈치챘습니다. 그래서 부부에게 말했습니다.

"당신들이 만약에 정말로 유산을 원한다면, 무슨 일이 있어도 절대 태어날 아이의 이름을 짓지 마세요. 또 아이가 어떻게 생겼을지, 누구를 닮았을지도 떠올리지 마세요. 만약 이름을 짓는다면 태어나지도 못할 아이에게는 너무나 미안한 일이니까요."

에릭슨의 말을 들은 부부는 결국 아이를 낳기로 결심했습니다.

에릭슨은 어떤 결정을 하는 것이 좋은지 부부에게 논리적으로 설득하지 않았습니다. 아이를 잃고 싶지 않은 부부의 심층 메시지를 읽고 그들이 스스로 체험을 통해 결정할 수 있도록 구체적으로 아이의 이름과 이미지를 떠올릴 수 있는 제안을 한 것입니다. 이름을 짓지 말라는 제안의 표층 메시지와 달리 심층 메시지는 아이를 더 생생하게 하나의 생명으로 바라보도록 했습니다. 그 결과 부부는 흔들리지 않을 결정을 스스로 내릴 수 있었습니다.

우리가 어린아이일 때는 표층 메시지와 심층 메시지가 크게 다르지 않았을 것입니다. 하지만 성인이 되어 가면서 사회화 과정이 일어나며, 사회적으로 암묵적인 규칙이 있다는 것을 알게 됩니다. 얼마 전에 친구와 등산을 갔을 때 이런 이야기를 들었습니다. 친구에게는 아들이 하나 있는데, 할머니가 어린 손자한테 뽀뽀를 하려고 하면 손자가 그때마다 "할머니 냄새 싫어." 하고 뿌리치고 도망을 간다고 합니다. 그러면 친구는 아들에게 "할머니한테 그러면 안 되지." 라고 혼낸다고 합니다. 아이는 이렇게 냄새가 나도 냄새가 난다고 말을 하면 안 된다는 것을 학습합니다. 사회화가 일어나는 것입니다. 그리고 학교에서 냄새가 나는 친구를 만나도 직접적으로 그 친구에게 냄새가 난다고 말하기보다는 다른 이유를 만들며 언급을 피하게 될 것입니다.

우리 모두는 이런 사회화 과정을 통해서 표층 메시지를 방패로 삼아 솔직한 진짜 마음을 숨기는 것에 익숙해집니다. 그래서 회사에서 직장 상사가 퇴근 시간 임박해서 시간이 괜찮으면 저녁이나 같이 먹자고 제안했을 때, "회사 사람과, 그것도 상사와 같이 밥을 먹고 싶진 않습니다." 라고 솔직하게 말하지 않습니다. 그렇게 말하면 안 된다는 것을 사회화 과정에서 학습했기 때문입니다. 이렇게 속마음을 그대로 드러내면 안 된다는 것을 어린 시절부터 지속적으로 교육을 받았기 때문에 우리는 자신의 내밀한 진짜 욕망이 무엇인지 말하는 것을 두려워합니다. 내가 바라는 것을 있는 그대로 드러냈을 때, 상대방이 어떻게 생각할지, 사회 규범에 맞지 않으면 어떤 처분을 당할지, 비웃음을 당하진 않을지와 같은 두려움 때문에 진짜 욕망을 숨기고 살아갑니다. 더 나아가 자신에게 존재하는 감각, 감정, 생각까지도 외면하고 억누르고 회피하는 것에 익숙해지면서 그것이 자신에게 존재한다는 것조차 모르는 상태가 되어버립니다.

무의식 아래 억눌려 있는 감각, 감정, 생각은 우리 몸을 긴장시키고 불필요한 에너지를 소모하게 합니다. 분명 내게 경험되는 감각과 감정이지만 이를 부호화하거나 나의 일부로써 받아들이지 않을 때, 불안, 혼란, 긴장감을 느끼게 됩니다. 그래서 누군가가 그 마음을 알아주기를 오매불망 기다리고 있습니다.

뒷담화 시간을 갖는 것도 그런 이유 때문입니다. 뒷담화를 하면 사람들은 금방 친해집니다. 그 이유를 공동의 적을 설정하기 때문이라고 이야기하는 사람도 있지만, 제가 보기에는 억눌린 마음이 드러나고 확인될 때 굉장한 안심과 쾌락이 일어나기 때문입니다. 사실 그래서 뒷담화는 권장까지는 하지 않더라도 어느 정도 허용할 필요가 있습니다. 어떤 회사는 뒷담화를 할 수 있는 시간과 공간을 아예 차단하는 곳도 있다고 하는데, 그런 회사의 퇴사율이 오히려 더 높습니다. 뒤에서 회사 욕을 하도록 놔두는 회사가 더 많이 퇴사할 것 같지만, 실제로는 회사 욕을 못하게 하면 더 퇴사를 많이 합니다. 왜냐하면 회사생활을 하면서 쌓여가는 억눌린 마음을 꺼낼 수 없기 때문에 긴장이 계속 누적되고 그것을 해소할 기회를 갖지 못해 그대로 나가떨어지는 것입니다. 마음에 있는 압력을 풀어낼 만한 시간과 공간이 필요한 것이죠. 이렇게 사람은 자기 속마음이 알려지기를 굉장히 바라면서 또 알려지게 될까봐 두려워하는 두 가지 마음을 동시에 가지고 있습니다.

깊은 대화로 이끄는 심층 메시지

일상생활의 대화는 이렇게 표층 메시지와 심층 메시지가 나뉘어서 전달됩니다. 우리가 어떤 행동이나 말을 할 때 그 밑에는 자신도 알아차리지 못한 동기와 전제, 무의식이 작동을 하고 그 무의식이 상대방에게 영향을 미치게 됩니다. 대화 상대로부터 표층 메시지를 전달받으면 의식은 표층 메시지를 받아들이고 처리하지만 무의식으로는 심층 메시지를 느낍니다. 그래서 감각과 정서에 민감하신 분들은 무의식적으로 이를 알아차립니다. 표층 메시지 아래 숨겨진 근본적인 바람이 무엇인지를 알고 채워주기도 하고, 같은 말이 다른 형식으로 반복되고 있음을 깨닫고 정곡을 찌르기도 합니다. 여러 사람이 함께하는 모임이나 공간에서는 소외된 사람에게 참여와 발언의 기회를 주기도 하고, 공기가 무거워지면 억압된 목소리를 대변하는 말로 주위를 환기시키기도 합니다. 하지만 많은 경우는 표층 메시지에 사로잡혀서 말꼬리를 붙들고 그 옳고 그름을 따질 뿐 기저에서 전달되는 심층 메시지까지는 의식적으로 경험되지 못한 채 커뮤니케이션이 진행됩니다.

영화를 평론하는 사람들이 캐릭터가 '입체적이다' 혹은 '평면적이다'라는 말을 합니다. 그리고 캐릭터가 입체적인 영화가 더 높은 평가를 받습니다. 그렇다면 입체적인 캐릭터는 무엇일까요? 입체적인 캐릭터는 표층 메시지와 심층 메시지가 다른 캐릭터를 말합니다. '츤데레'라는 말이 있습니다. 겉으로는 무뚝뚝하고 불친절하게 대하는데, 사실은 관심을 갖고 챙겨주려고 하고 따뜻한 성격을 가진 사람을 의미합니다. 이런 사람을 볼 때 우리는 인간적이라고 느낍니다. '츤데레'가 인간적이라는 뜻이 아니라, 겉으로 표현된 행동과 그 안에 응어리진 마음이 다르게 존재할 때 입체적이라고 느낀다는 것입니다. 왜냐하면 인간의 삶이 그와 같기 때문입니다. 거의 모든 사람이 입체적인 소통을 하고 있습니다. 그렇다면 영화 속 평면적인 캐릭터는 무엇일까요? 많은 경우 악당이 평면적인 캐릭터로 그려집니다. 겉으로도 사악하고 속마음도 똑같이 사악하고 죽기 직전까지 그 마음이 일관되게 변하지 않습니다. 이런 악당은 매력이 없습니다. 왜 매력이 없느냐? 보는 사람이 공감할 수 없기 때문입니다. 왜 공감할 수 없느냐? 인간은 누구나 입체적인 메시지를 주고받으면서 살아가고 있기 때문입니다. 그렇기 때문에 소위 '지구 정복' 같은 한 가지 마음만 갖고 있는 악당에게는 공감하기 어렵습니다. 물론 악당 중에도 매력적인 악당이 있습니다. 매력적인 악당은 악행을 저지르는 데 숨겨진 이유가 있습니다. 그 이유가 밝혀지게 되면 악당임에도 불구하고 관객은 연민을 느낍니다. 악행을 저지를 수밖에 없었던 사정에 대하여 공감하고 때로는 평면적인 주인공보다 입체적인 악당에게 더 매력을 느끼게 됩니다.

일상적인 대화도 마찬가지입니다. 표층 메시지 아래 담겨 있는 심층 메시지를 읽을 수 있어야 깊은 대화가 가능해집니다. 에너지가 담겨 있는 감정을 '정동情動'이라고 합니다. 정동이 담겨 있는 대화를 주고받아야 즐겁습니다. 대화 속에 팔팔 뛰는 생기가 담겨 있기 때문입니다. 꿈틀거리는 마음이 존재합니다. 표층 메시지는 그렇지 않더라도 심층 메시지에는 굉장히 뜨거운 마음이 존재해야 대화가 살아납니다. 그렇지 않은 경우에는 그냥 정보를 주고받는 의미 없는 수다에 그치는 경우가 많습니다.

심층 메시지에는 정동이 담겨 있습니다. 심층 메시지는 표층 메시지뿐 아니라 몸짓이나 미세표정, 행동, 환경, 맥락 등 다양한 단서로부터 찾아낼 수 있습니다. 하지만 분석에는 늘 한계가 존재합니다. 왜냐하면 분석은 맥락을 고려하지 않는 경우가 많고 고려할 수 있는 맥락도 대단히 제한적입니다. 의식적 생각으로 모든 것을 분석하는 것은 많은 시간을 필요로 합니다. "이 사람이 대화 도중에 코를 만졌다는 것은 거짓말을 하고 있다는 의미야." 이렇게 일차적인 대입 방식으로 의미를 찾으려 하면 굉장히 한정적인 상황에서만 들어맞습니다. 많은 요소를 고려하려면 시간이 많이 필요하고 정확도는 더 떨어집니다. 그래서 저는 심층 메시지를 '느낀다'라고 표현하기를 좋아합니다. 느낀다고 표현하는 이유는 이조차도 법칙을 배워서 생각으로 분석하려고 하기 쉽기 때문입니다. 심층 메시지를 읽는 것은 민감성을 기르고 감각을 가다듬는 훈련을 통해서 가능합니다. 아무래도 전문 트레이너의 지도를 통해 체험으로 이해하는 것이 가장 빠르지만 간단하게 바로 적용할 수 있는 방법을 알려드리겠습니다.

1. 심층 메시지가 있음을 알고 온몸으로 느껴라

일상생활에서 대화를 할 때 상대방이 하는 말에 심층 메시지가 있음을 알고 궁금증을 가지고 온몸으로 민감하게 느껴 보세요. 표층 메시지는 단어의 순서와 조합에 불과합니다. 우리가 진짜로 알고 싶은 것은 상대방의 몸짓과 눈빛, 목소리의 톤, 눈의 움직임과 표정의 변화를 그대로 바라봄으로써 드러나는, 상대방이 진짜로 전달하고 싶은 마음입니다.

예를 들어 의무적으로 예의를 갖춰야 하는 상황에서 다른 사람들 모르게 느끼고 있는 압박감이나 초조함, 짜증이나 분노 같은 감정은 주의를 기울여 느끼려고 하면 드러납니다. 평소에는 관념에 머무르고 있던 우리의 시선과 감각이 실재하는 상대방까지 나아가서 접촉하고 표층 언어에 묶여 있던 귀가 열리면서 무의식적 동조가 일어납니다. 사람과 사람 사이의 대화는 심층 메시지 사이의 접촉이라고 할 수 있습니다. 이런 심층 메시지는 처음에는 생각보다 잘 읽히지가 않습니다. 특히 대화에 참여하고 있는 당사자는 심층 메시지를 느끼기가 훨씬 어렵습니다. 대화는 보통 표층 메시지에 대한 해석을 위주로 진행되기 때문입니다. 하지만 심층 메시지는 무의식 속에 자리하고 있기에 미묘한 억양, 호흡, 행동과 선택에 영향을 미친다는 것을 이해하고 초점을 심층 메시지에 맞추어 주의를 기울이는 훈련을 통해 금방 체득할 수 있습니다.

2. 심층 메시지로 일어난 나의 반응 살피기

좀처럼 알아차리기 어려운 심층 메시지를 알아차릴 수 있는 또 한 가지 방법이 있습니다. 에너지가 담겨 있는 감정인 정동이 전달되는 경우, 최면 제안이 됩니다. 다시 말하면 상대방에게 특정한 영향력을 행사하게 된다는 것입니다. 그래서 심층 메시지를 알아차리는 두 번째 방법은 상대방으로부터 표층 메시지를 받았을 때 그것을 통해서 촉발된 나의 행동, 감정, 감각, 심상이 무엇인지를 면밀하게 살피는 것입니다.

상대방의 말을 들었을 때 자신이 어떤 행동을 취했을 수도 있고, 특정한 감정이 느껴졌을 수도 있습니다. 특정한 신체적인 느낌을 경험하거나, 어떤 이미지가 떠올라 마음에 인상으로 남기도 합니다. 이 네 가지 반응을 근거로 해서 역으로 상대방의 심층 메시지를 확인할 수 있습니다. 심층 메시지가 나에게 최면 제안으로 작용했기 때문에 그로부터 촉발된 나의 반응을 근거로 거꾸로 심층 메시지를 찾아가는 방법입니다.

심층 메시지에 있는 많은 감정들, 예를 들면 공포, 슬픔, 수치심, 드러낼 수 없는 욕망, 질투 같은 속마음들은 표층 메시지 뒤에 숨어버립니다. 표층 메시지는 언어의 형태일 수도 있지만 행동이나 선택이 될 수도 있습니다. 어떤 사람은 끊임없이 자기가 어떤 성취를 거뒀는지 자랑하기도 하고, 가지고 있는 경제력보다 훨씬 비싼 차를 구매하기도 합니다. 어떤 사람은 누가 묻지 않아도 자기가 멘사 회원이라는 것을 넌지시 드러내기도 합니다. 이렇게 뜬금없는 맥락에서 자신이 먼저 이야기를 꺼내는 경우가 있습니다. 이것은 심층에 숨어 있는 속마음이 행동에 영향을 미치고 있는 것입니다. 멘사 회원이라고 말하면 꽤 많은 사람들이 관심을 가집니다. 자연스럽지 않은 맥락에서 꺼내진 정보와 다른 사람의 관심이라는 결과를 바탕으로 그 사람의 심층에 관심과 인정을 받고 싶은 마음이 숨어 있음을 확인할 수 있습니다.

밀워키에 강연을 가게 된 밀턴 에릭슨은 동료의 부탁으로 심한 우울증으로 고생하고 있는 환자의 집을 방문합니다. 그녀는 52세이며 미혼으로 많은 유산을 물려받고 대저택에 홀로 살고 있었습니다. 하지만 가까운 친척은 대부분 세상을 떠났고 단 한 명의 친구도 없었으며 심한 관절염으로 휠체어를 타고 다녀야 했습니다. 그녀는 정기적으로 교회에 나갔지만 늘 홀로 앉아 있었고 누구와도 대화를 나누지 않았습니다.

그녀의 저택을 방문한 에릭슨은 그녀에게 집을 둘러볼 수 있는지 부탁했습니다. 그녀는 수동적으로 동의했고 에릭슨은 무엇인가 도움이 될 만한 것을 발견하기를 바라며 집을 둘러보았습니다. 그리고 마침내 활짝 만개한 서로 다른 색상의 아프리카 제비꽃이 심어져 있는 온실을 발견했습니다. 잎을 심는 것으로 번식하는 이 꽃은 아주 연약해서 사소한 실수로도 죽을 수 있으며 주어지는 빛과 물의 양이 적당해야 했습니다. 수동적이고 우울한 그녀였지만 유일하게 아프리카 제비꽃을 키우는 동안에는 활기를 띠었습니다.

에릭슨은 그녀에게 아프리카 제비꽃을 색깔별로 구입하도록 처방했습니다. 그리고 교회에 다니는 누군가가 아이를 낳았을 때, 아이가 세례를 받거나, 아프거나, 결혼하는 부부가 있거나, 장례를 치르는 가족이 있거나 교회에서 바자회를 열 때 정성스럽게 키운 아프리카 제비꽃을 선물하도록 했습니다. 그로부터 20년 후에 밀워키 지방 신문에는 다음과 같은 제목의 신문기사가 났습니다. '제비꽃의 여왕 운명, 수천 명이 애도하다.' 심한 우울증을 앓았던 그녀는 수많은 친구들에게 제비꽃의 여왕으로 불리며 편안한 죽음을 맞이했습니다.

에릭슨은 그녀의 우울증 아래 깊은 곳에 외로움뿐 아니라 독실한 기독교인이 되지 못하는 괴로움이 있다는 것을 알았습니다. 그녀의 심층 메시지를 이해한 에릭슨은 그녀가 가장 애정을 쏟는 아프리카 제비꽃을 교회 사람들에게 선물하도록 처방함으로써 교회에 공헌하고 싶은 그녀의 마음을 전달할 수 있는 방법을 제안하고 외로움에서도 벗어날 수 있도록 하였던 것입니다

04

에릭소니언 언어 경험 모델

에릭슨은
"최면 치료는 내담자가 의식적 제한을 벗어나서
무의식의 해결 능력을 해방시키도록 돕는 것"
이라고 말했습니다.
에릭소니언 최면은 나를 제한하는 가치로부터 벗어나
더 많은 사실을 발견하고
새로운 의미를 경험하도록 돕는 방법입니다.

사실과 의미를 구분하라

백윤식 씨가 모델로 나온 김치 냉장고 광고가 있습니다. 백윤식 씨가 김치를 한입 먹은 후 이렇게 말합니다. "김치 맛이 짜다~!" 그리고 이어서 "사랑이 식은 게지."라고 덧붙입니다. 여기서 '김치 맛이 짜다.' 이것은 사실입니다. 명쾌하죠. 우리가 경험한 있는 그대로의 사실. 사실은 실제로 있었던 사건이나 현상, 일을 의미합니다. 물론 짜다는 기준은 사람마다 다르기 때문에 주관적인 것이지만 행동과 말, 움직임과 같은 것은 객관적인 사실입니다.

그렇다면 두 번째로 말한 '사랑이 식은 게지.'는 무엇일까요? 사랑이 식었다는 것은 사실일까요? 사랑이 식었다는 것은 김치 맛이 짠 것에 대해 백윤식 씨가 추론한 '의미'입니다. 의미는 사실을 바탕으로 주관적으로 체험한 감각, 감정, 생각을 말합니다. 그리고 이 광고에서 백윤식 씨는 '김치 맛이 짜다는 것의 의미는 사랑이 식은 것이다.'라고 사실과 의미를 연결하였습니다. 여기서 끝이 아닙니다. 다음 장면에서는 광고의 대상인 김치 냉장고를 보여주면서 해당 김치 냉장고는 특별한 기능이 있어서 맛을 보존시켜준다는 설명이 나옵니다. 그리고 광고는 다시 한 번 백윤식 씨가 김치를 먹은 다음에 "어? 사랑이 돌아왔네?" 이렇게 이야기하면서 끝이 납니다. 뛰어난 김치 냉장고의 성능으로 김치의 맛이 돌아왔으므로 연결된 의미인 사랑도 돌아온 것입니다.

하루 종일 전화 한 통이 없다. 이것은 사실입니다. 부부라면 남편이나 아내가 회사에 가서 배우자에게 단 한 번도 전화를 하지 않은 것입니다. 이것은 무엇일까요? 사실입니다. 그에 대한 의미는 사람마다 다르게 경험할 수 있지만, 누군가는 '하루

종일 전화가 없다. 그러니 사랑이 식었구나.'라고 의미를 연결할 수 있을 것입니다. 자, 이제 사실과 의미가 무엇인지 잘 아시겠죠? 우리는 사실과 의미를 따로 구분하지 않고 혼용해서 사용합니다. 그렇기 때문에 의미를 사실이라고 착각하는 경우가 굉장히 많습니다. '하루 종일 상대방이 나에게 한 번도 연락이 없었으니까 관심도 없고 사랑이 식은 거야!'라는 명제를 일말의 의심도 없이 굳건한 사실로 받아들입니다.

아침에 김치를 먹었는데 너무 짠맛이 났습니다. 그리고 하루 종일 전화가 없었습니다. 이 두 가지 사실이 '사랑이 식었다'라는 의미와 연결되어 중첩이 일어나면 맥락이 발생합니다. 사실과 의미의 중첩이 누적되면 누적될수록 우리의 사고는 고착되고 굉장한 힘을 발휘합니다. 스스로 사랑 받지 못하고 있는 현실이 창조되는 것입니다. 사실과 의미의 중첩으로 만들어진 맥락이 또 다른 사실을 사랑이 식은 증거로 채택합니다. '집에서 속옷만 걸치고 돌아다니는 것을 보니 사랑이 식었네.' '데이트를 늘 영화관에서만 하는 것을 보니 사랑이 식었네.' 사실과 의미의 중첩으로 만들어진 맥락이 온통 사랑이 식은 증거로 가득한 세상을 창조하는 것입니다.

　개에게 물려 충격을 받은 일곱 살 여자아이가 에릭슨에게 상담을 받으러 왔습니다. 아이는 학교에서 귀가하는 중에 개에게 물렸는데, 개 주인은 아이가 개를 괴롭혔기 때문에 개가 문 것이라며 오히려 아이를 탓했습니다. 그리고 아이가 어느 정도 상처를 회복했을 때, 또 다시 같은 개로부터 공격을 받고 말았습니다. 개 주인은 그녀의 부모를 상대로 법적인 조치를 취하겠다고 적반하장으로 길길이 날뛰었습니다. 두 번의 끔찍한 경험으로 아이는 더 이상 집밖으로 나설 수 없게 되었습니다. 담요를 두른 채 찾아온 아이에게 에릭슨은 조심스럽게 얼마나 많은 담요가 있어야 안전함을 느끼는지 물었습니다. 그리고 누가 담요를 준비해주었는지, 담요를 덮고 있는 느낌이 어떠한지를 물으며 아이가 안정감을 갖고 에릭슨의 제안을 신뢰할 수 있는 상태가 될 때까지 긴 시간 이야기를 나누었습니다. 그리고 아이가 집밖으로 나설 수 없는 상태를 있는 그대로 지지하고 당연한 것으로 여겼습니다. 오히려 "많이 놀랐을 텐데, 심장이 빨리 뛰지도 않는구나. 손발을 떨거나,

토하지도 않고 정말 놀랍구나."라며 진심으로 놀란 표정을 지었습니다. 에릭슨의 놀람에 아이도 반응을 보이기 시작했습니다. 에릭슨은 이어서 "난 네가 이렇게 강하고 용감한 것에 놀랐어! 지금보다 더 심하게 아프지 않은 것에도 놀랐고!"라고 말하며 아이의 강한 모습에 진심으로 찬사를 보냈습니다. 그렇게 에릭슨의 놀람이 반복되자 아이는 편안한 표정으로 웃으며 농담을 주고받게 되었습니다. 에릭슨이 사람을 전혀 해치지 않는 자신의 개 이야기를 술술 풀어놓자, 소녀는 에릭슨의 개가 보고 싶다며 웃었습니다. 몇 번의 상담이 더 진행된 후 그녀는 예전처럼 활기차게 집밖을 다닐 수 있게 되었습니다.

아이가 집밖으로 나가지 못한다는 사실은 흔히 공포증이라는 의미와 연결되어 하나의 진실로 여겨집니다. 하지만 이는 진실이 아닙니다. 사실과 의미가 결합된 맥락입니다. 이 맥락에 빠져 있음을 인지하지 못하면 맥락에 갇힌 채로 문제를 해결하기 위해 노력합니다. 예를 들면 "이제 그 개가 무는 일은 없을 거야. 더 이상 무서워 할 필요 없어."라고 말합니다. 논리적으로는 사실일지 모르나 이는 아이가 현재 경험하고 있는 것을 부정하고 있습니다. 반면에 에릭슨은 집밖으로 나가지 못하는 아이의 상태를 지극히 당연한 것으로 여겼습니다. 아이가 경험하고 있는 것을 있는 그대로 지지한 것입니다. 그리고 손발을 떨거나 토하지 않는 아이의 현재 사실에 대해 이야기하며 놀라움이라는 의미를 전달합니다. 추가로 이를 자연스럽게 아이의 용감함과 건강한 회복력이라는 의미로 연결했습니다. 에릭슨의 놀람과 의미의 반복을 통해 용감함과 회복력이라는 맥락이 아이에게 형성되자 개에게 물린 사건은 과거의 경험으로 물러났습니다. 아이는 용감함과 회복력을 가진 사람으로 세상을 바라보며 삶을 경험할 수 있게 되었습니다.

사실과 의미의 중첩이 맥락을 만든다

사람의 뇌는 반복을 의미 있게 받아들입니다. 반복은 시냅스의 특정 연결을 강하게 하고 개인의 삶에 큰 영향을 미치는 맥락을 형성합니다. 반복으로 우리는 일관성을 획득하고 일종의 안정감을 얻습니다. 이렇게 반복으로 생긴 일관성의 힘을 '맥락'이라고 합니다. 사람은 삶에서 일어나는 사실에서 유의미한 감각, 감정, 생각, 행동이 반복될 때 이를 맥락으로 뇌에 구조화합니다. 그리고 그 구조화가 강한 연결성을 갖고 이름이 붙여질 때 '가치'가 됩니다.

가치에는 두 가지가 있습니다. 첫 번째는 개인적 가치입니다. 하나의 맥락이 개인에게 습관화, 신념화되면 가치가 되고 해당 가치를 통해 세상을 바라보게 됩니다. 우리는 가치관이라는 말을 흔하게 사용합니다. 가치관은 특정한 가치를 통하여 세상을 본다는 의미입니다. 김치 맛이 짠 것과 전화 통화가 뜸하다는 사실로 사랑이 식었다는 맥락이 만들어지고 맥락이 가치가 되면 연인이 하는 모든 행동이 사랑이 식은 증거로 일반화됩니다. 개에게 물린 소녀가 손발을 떨거나 토하지 않은 사실, 더 심하게 아프지 않고 회복된 사실은 에릭슨을 통해 용감함과 회복력이라는 맥락을 형성하였습니다. 이것이 가치가 되면 아이는 이후의 다른 경험에서도 자신의 용감함과 회복력을 발견할 것입니다. 우리는 아이에서 어른으로 성장하는 과정에서 경험하는 다양한 사건으로부터 사실, 의미, 맥락, 가치로 이어지는 연결 고리를 형성하고 다양한 맥락과 가치를 '나'라고 경험하면서 자신만의 고유한 세상을 살아갑니다. 이를 '에릭소니언 언어 경험 모델'이라고 부릅니다.

맥락으로부터 만들어지는 또 하나의 가치는 사회적 가치입니다. 개인적 가치가 한 사람의 행동과 생각에 영향을 미친다면, 사회적 가치는 다른 사람에게 전달되어 그 가치를 많은 사람들이 함께 공유하게 될 때 형성됩니다. 사회적 가치는 자기 복제, 확대, 재생산되면서 개인에게 학습되고 내면화하여 개인이 특정 가치로 세상을 바라보며 가치에 적합한 사실을 수집하도록 만듭니다. 예를 하나 들어보겠습니다.

1. 회사에서 상사가 커피를 타거나 다과를 준비하는 일을 여성에게 시킵니다. 이것은 사실입니다. 같은 부서에서 같은 직급으로 일을 하고 있는데 남성과 여성의 연봉이 차이가 납니다. 이것도 사실입니다. 이 사실로부터 특정 감각, 감정, 생각이 떠오릅니다. '사회는 여성에게 특정 역할을 당연시하고

여성은 같은 일에도 다른 대우를 받는다.'라는 의미를 연결합니다.

2. 명절에 시댁에 갔는데 며느리와 딸과 시어머니만 제사 음식을 차리고 남자들은 거실에서 TV를 보거나 대화를 하고 있습니다. 이것은 사실입니다. 그리고 이 사실에서 경험된 감각, 감정, 생각으로 '여성은 차별 받고 착취 당하고 있다.'는 의미가 연결됩니다.

3. '한국 국회의원 중 여성의 비율은 17%이다.' 이것은 사실입니다. '한국 여성 국회의원 비율은 190개 국가 중에서 111위를 기록했다.' (2015년 8월 1일 기준) 이것도 사실입니다. '여성은 같은 능력을 가지고 있어도 국회위원이 되기 어렵다. 유리 천장이 존재한다.' 이것은 사실에 연결된 의미입니다.

사실과 의미가 세 번 반복되면서 유사한 의미가 중첩되었습니다. 중첩은 맥락을 형성합니다. 그리고 이 맥락을 가진 사람이 많아지면 여러 사람이 그 경험을 공유하면서 사회적 가치가 됩니다. 위에서는 피해자로서의 여성이라는 맥락이 형성되었습니다. 그리고 이 맥락을 많은 사람들이 경험하고 공유함으로써 '페미니즘'이라는 사회적 가치가 형성되었습니다.

정리하자면 실제로 있었던 사건, 일이나 행동, 현재 일어나고 있는 것은 '사실'입니다. 그 사실에 대한 감각, 감정, 생각은 '의미'입니다. 의미의 반복과 누적이 일어나면 힘이 생기고 일관성이 생깁니다. 이 힘이 맥락입니다. 그리고 맥락이 개인의 정체성으로 확립되면 개인적 가치, 많은 사람에게 공유되면 사회적 가치가 됩니다. 사회적 가치는 역으로 개인에게 영향을 미쳐서 내면화되기도 합니다.

주의해야 할 것은 사실과 의미를 구분하는 작업을 하다 보면 사실에 집중하게 되는 경향이 생긴다는 점입니다. 사실에 연결된 상대방의 의미, 즉 주관적 체험은 사실이 아니라고 무시하거나 "사실이 아니니까 그렇게 의미를 연결할 필요가 없어."라고 상대방을 가르치려고 합니다. 또 내가 사실에 대해서 가지고 있는 의미, 체험도 "이것은 사실이 아니고 나의 개인적인 체험일 뿐이야"라고 무시하고 외면하고 억압하는 경우를 많이 보았습니다. 이런 방식으로 코칭이나 자기계발을 가르치는 곳도 있습니다. 심지어 체크리스트를 만들어서 부정적인 의미를 제거하려고 합니다. 우리가 경험하는 감각과 감정을 외면하는 것입니다. 하지만 의미는 나의 몸으로, 생생한 감각으로 느끼고 뜨겁게 경험된 감정입니다. 그래서 대상이 다른 사람이든 나 자신이든 논리적인 말로써 이를 바꾸려는 시도는 실패하기가 쉽습니다. 의미를 억압하고 회피해서는 변화가 일어나지 않습니다. 사실과 의미는 구분하되 한쪽을 가볍게 여기지 말고 늘 그 둘을 함께 다뤄야 합니다. 의미도 충분히 지지되고 경험되어야 한다는 점을 잊지 마시기 바랍니다.

그런데 사실과 의미가 가치의 수준으로 올라가면 대단한 힘을 지니게 됩니다. 그리고 특정 가치가 지나치게 강한 강제성과 압박을 지니게 되면 병리적 현상으로 나타납니다. 세상을 바라보는 유연성이 떨어지고 다른 사람에 대한 공감 능력이 사라지며, 창조적이고 자원이 넘치는 무의식과의 연결이 끊어져 제한적인 사고 패턴에 갇히게 됩니다. 나를 위한 가치가 아니라 가치를 위해 개인이 희생되는 현상이 발생하는 것입니다. 이를 신경학적 차단*neuromuscular lock이라고 합니다. 에릭슨은 이를 "의식consciousness이 외적인 합의 기준을 달성하기 위해 프로그램화 되었다."라고 표현했습니다. 그리고 "최면 치료는 내담자가 의식적 제한을 벗어나서 무의식의 해결 능력을 해방시키도록 돕는 것"이라고 말했습니다. 에릭소니언 최면은 나를 제한하는 가치로부터 벗어나 더 많은 사실을 발견하고 새로운 의미를 경험하도록 돕는 방법입니다. 에릭소니언 언어 경험 모델로 가치가 형성되는 것은 자연스러운 현상이며, 개인적 가치와 사회적 가치는 모두 세상을 구성하는 요소입니다. 다만 하나의 가치에 지나치게 고착돼 다른 사람을 혐오하고 비난하면서 동시에 스스로를 고통스러운 세상에 가두는 일이 없도록 맥락과 가치의 유연성을 가져야 할 것입니다.

---

* 의식이 하나의 상태에 고착되어 학습과 변화를 만들지 못하는 상태, 근육의 긴장과 호흡의 억제를 초래하며 하나의 패턴으로 외부를 설명하려고 애쓰게 된다.

맥락을 바꾸는 방법

역사 강사로 유명한 사람으로 설민석 씨가 있습니다. 한국사 강의로 유명한 그는 사극 영화의 예고편에 단골로 등장하여 역사적 배경을 설명하기도 하고 예능에도 얼굴을 비추며 스타 강사로 자리매김하였습니다. 그런데 그의 학부 시절 전공은 연극영화과였습니다. 그리고 석사로 역사교육을 전공했는데 초기에 이에 대한 비판이 있었습니다. 역사학을 전공한 사람이 아니기 때문에 비전공자가 마치 전공자인 양 역사를 가르치고 있다는 비판이었습니다.

사실과 의미를 구분해 보면, 역사학자가 아닌 사람이 역사를 가르치고 있는 것은 사실입니다. 역사학자가 아닌 사람, 검증되지 않은 사람이 역사를 가르치면 학생들에게 잘못된 정보를 전달할 것이라는 가정은 의미에 해당합니다. 이 연결이 하나의 맥락이 되면 모든 논란이 맥락 안에서 이루어집니다. 역사학을 전공했다 하더라도 어느 대학에서 전공했느냐, 특정 대학이라도 학사, 석사, 박사와 같이 어느 수준까지 학위를 취

득해야 강사의 자격이 있느냐와 같이 논의의 범위가 맥락을 벗어나지 못합니다. 이런 논란 때문인지는 모르겠지만 설민석 씨는 대학원에서 역사 교육을 전공합니다. 아무래도 사회적 가치가 지닌 힘이 만만치 않았던 모양입니다.

이렇듯 맥락 안에서 싸우는 것으로는 맥락을 바꿀 수 없습니다. 맥락을 변경하려면 사실과 의미 단계에서 다시 시작해야 합니다. 설민석 씨가 연극영화과를 졸업한 것은 사실입니다. 그리고 강사는 학생의 머릿속에 기억이 남도록 가르쳐야 합니다. 꾸준히 흥미를 유도하고 중요한 내용은 강한 인상을 줘야 합니다. 특히 한국사의 경우에는 많은 내용을 기억하는 것이 중요한데 단순히 달달 외우는 것이 아니라 사건을 생생하게 표현하고 인물 관계를 연결시켜 기억하도록 해야 합니다. 많은 인물이 출연하는 TV 드라마의 경우 흥미로운 이야기가 진행되면서 복잡한 인물 관계도가 쏙쏙 기억에 남는 것처럼 강사가 개성 넘치는 인물 묘사와 스토리텔링을 할 수 있다면 한국사의 대표 인물들을 역사라는 영화의 주인공으로 학생의 기억에 각인시킬 수 있습니다. 그렇기 때문에 연극영화과를 전공한 사람이 더 역사를 잘 가르칠 수 있는 것입니다.

이처럼 이미 설정된 맥락 안에서 반박하는 것으로는 변화를 만들 수 없습니다. 새로운 사실을 발견하고 의미를 연결하거나 기존의 사실에서 다른 의미를 발견하고 맥락을 형성할 때 변화를 만들 수 있습니다. 에릭슨은 이렇게 말했습니다.

"나의 상담 방법은 강줄기를 바꾸려는 사람의 의도와 같습니다. 강줄기를 가로질러서 차단하는 것은 불가능하지만 강물의 힘을 인정하고 따라가면서 새로운 방향으로 전환시키면, 새로운 운하가 생깁니다."

이미 만들어진 맥락을 거스르려는 시도를 멈추고 존재하는 맥락은 인정하되 삭제되고 왜곡되고 일반화된 사실들을 드러내야 합니다. 그렇게 드러난 생생한 사실들 속에서 적절하게 선택적 사실을 발견하고 의미를 연결하여 맥락을 형성할 때, 강줄기와 싸우지 않고 방향을 바꿀 수 있을 것입니다.

에릭슨의 세미나에 한 남성이 참석했습니다. 그 남성은 정상 체중보다 거의 30kg이 더 나갔는데, 세미나가 진행되면서 에릭슨은 그가 비만을 영적인 측면에서 바라보고 있다는 점을 알게 되었습니다. 그는 영적인 사람은 외모를 중요시하지 않으므로 자신과 잘 지내려고 할 것이며, 반대로 경박하고 영적이지 못한 이들은 자신을 피할 것이기에 자신도 상대할 필요가 없다고 생각했습니다. 에릭슨은 그와 간단한 대화를 나누었습니다.

에릭슨 당신은 자신의 몸을 어떻게 생각하나요?
남성 아무것도 아닙니다. 그저 영혼이 담긴 도구에 불과합니다.
에릭슨 그 도구는 성능이 어떤가요?
남성 목적지까지 갈 수 있다면 성능이야 아무런 문제가 되지 않아요.
에릭슨 알겠습니다. 잠시 눈을 감고 생각해봅시다. 말씀하신 대로 당신의 몸은 목적지까지 데려다주는 도구에 불과합니다. 하지만 그 도구가 사라진다면 당신의 영혼을 데려다줄 수 있는 다른 도구가 있습니까?

남성 없는 것 같아요.

에릭슨 그렇다면 몸은 당신의 영혼을 데려다줄 유일한 도구로군요. 만약 당신의 몸이 당신의 영혼이 사는 사원이라면 어떻게 다루시겠습니까?

남성 (잠시 침묵 후에) 나의 몸이 무엇인지 진정으로 알게 되었습니다.

에릭슨과의 대화 이후 남성은 중요한 몇 가지 변화를 시도합니다. 그는 무엇을 먹고, 언제, 어떻게 먹을지 그리고 몸을 어떻게 다뤄야 할지에 대한 새로운 규칙을 정하고 살기 시작했습니다.

에릭슨은 그에게 살을 빼는 것이 얼마나 도움이 되는지 논리적으로 설득하거나 진정 영적인 것이 무엇인지에 대해 이야기하지 않았습니다. 오히려 상대방이 갖고 있는 맥락의 바탕에 존재하는 사실을 있는 그대로 긍정하는 것으로 시작했습니다. 흐르는 강물에 맞서는 것이 아니라 존재하는 사실을 인정하면서 '몸의 유일성'이라는 상대방이 인식하지 못했던 다른 사실을 떠올렸습니다. 그리고 새롭게 발견한 사실에 '유일한 도구를 대하는 태도'라는 의미를 연결한 것입니다. 사실에 새로운 의미가 연결되자 변화가 일어났습니다. 새로운 맥락이 탄생하자 남성은 영혼을 담는 유일한 도구를 소중하게 관리하기 시작한 것입니다.

05

메타 모델과 밀턴 모델

에릭슨은 논리적으로 직접 설명하지 않았습니다.
상대방이 스스로 체험하고
행동, 감각, 감정, 생각으로
의미를 연결할 수 있도록 도왔습니다.
에릭슨은 애매모호한 말을 한 것이 아닙니다.
기존의 사실에 새로운 의미를 연결하는 과정에서
그 결과로 삭제, 왜곡, 일반화가 '발생'한 것입니다.
이 차이를 정확하게 이해하는 사람만이
밀턴 모델을 바르게 사용할 수 있을 것입니다.

사실을 드러내는 메타 모델 Meta Model

한 친구가 결혼식을 앞두고 고등학교 동창들을 모아 청첩장을 나눠주는 자리를 갖기로 하였습니다. 다들 청첩장을 받는 자리라는 핑계로 오랜만에 만나 술과 고기를 먹을 생각에 들떠있었습니다. 그래서 왁자지껄 어떤 고기가 맛있는지에 대한 논쟁이 벌어졌습니다. 삼겹살에 소주 한잔이 최고라는 의견도 있었고 그래도 나름 의미가 있는 자리인데 소고기는 먹어야 하지 않느냐는 친구도 있었습니다. 소고기를 먹으면 사는 친구가 부담스럽지 않겠느냐는 의견부터, 그래도 기왕 얻어먹을 때는 소고기를 먹어야 한다는 친구도 있었습니다. 그런데 이 모든 논란을 종결지은 한마디가 있었습니다.

"결혼하는 사람이 정하자!"

처음에는 '소고기와 돼지고기 중 어떤 고기가 더 좋은가'의 프레임 안에서 이야기가 오고갔습니다. 그런데 여기서 한 가지 새로운 사실이 발견되었습니다. 보통은 각자 계산하던 동창 모임과 달리 그날은 결혼식을 앞둔 동창이 있고 계산도 그 친구가 한다는 사실입니다. 그렇게 새로운 사실이 발견되자 강력한 맥락이 만들어지고 앞에 있었던 논의들은 더 이상 설 자리를 잃어버린 것입니다.

방금 말씀드린 사례는 새로운 사실과 의미의 연결 중 '사실'을 발견한 것입니다. 우리가 하나의 맥락에 빠지게 되면 그 맥락의 힘 때문에 많은 사실을 잃어버립니다. 맥락은 사고를 고정시킵니다. 맥락과 연결된 사실과 의미에 매몰되어 외부의 다양한 가능성에 눈이 닿지 않는 것입니다. 이렇게 삭제, 왜곡,

일반화된 사실을 발견해서 기존의 사실과 의미를 명확하게 구분 짓고 관념화된 내용과 전제의 구체적인 사실을 밝히는 과정을 NLP에서는 '메타 모델'이라고 부릅니다.

에릭슨에게 한 부부가 찾아왔습니다. 전신에 관절염을 앓았던 아내는 임신으로 건강이 악화될까봐 고민하고 있었습니다. 에릭슨은 그녀에게 아기를 갖도록 권유했습니다. 그녀는 에릭슨의 충고를 받아들여 임신했고 관절염은 오히려 더 나아졌습니다. 그리고 신시아라는 이름의 여자 아이를 출산하였습니다. 그녀는 아이를 낳고 매우 기뻐했습니다. 세상에서 가장 예쁜 아이였지요. 하지만 6개월 후에, 불행하게도 신시아는 영문도 모른 채 돌연사하고 말았습니다. 아내는 우울해지고 자살 충동이 심해졌습니다. 설상가상으로 관절염도 더욱 심해졌습니다. 그렇게 괴로워하며 에릭슨을 찾아온 아내에게 에릭슨은 이렇게 말했습니다.

"제 생각에 당신은 정말 어리석군요. 9개월 동안 당신은 신시아를 뱃속에 품었고 모든 순간순간을 소중하게 여기고 즐거워했습니다. 그리고 신시아를 낳고 그 사실에 가슴 벅찼습니다. 당신은 그것을 매우 자랑스러워했지요. 그리고 6개월 동안 신시아와 함께 행복한 시간을 보냈습니다. 그런데 당신은 이제 와서 그런 15개월의 행복을 지워달라고 말하는군요. 그것은 참 어리석은 일입니다. 15개월의 영광스러운 행복은 결코 버려서는 안 될 것입니다. 그것은 소중히 간직되어야 하죠. 제가 그것을 소중히 간직할 수 있는 방법을 알려드리지요. 한 그루의 유칼립투스 나무를 심으세요. 그리고 묘목에 신시아라는 이름을 붙이세요. 당신은 신시아의 그늘 아래에서 뜨개질 하는 순간을 기다리게 될 것입니다."

1년 후에 에릭슨이 찾아갔을 때 신시아는 꽤 크게 자랐고 그녀의 관절염은 매우 호전되었습니다. 그녀는 신시아와 함께 한 15개월의 행복을 간직한 채로 잘 살고 있었습니다.

에릭슨은 관절염을 앓는 여자의 우울함을 멈추게 하려고 노력하지 않았습니다. 자살 충동에 대하여 위로의 말을 건네지도 않았습니다. 그가 주목한 것은 9개월간 아이를 배고 있으며 누렸던 엄마의 소중한 순간들이었습니다. 그리고 아이를 낳고 함께한 6개월간의 시간이 어떠했는지를 궁금해 했습니다. 그 모든 순간들은 지워야 할 것이 아니라 소중하게 간직하고 키워야 할 것이었습니다. 우울함으로 삭제되었던 사실이 발견되고 새로운 맥락을 형성한 것입니다. 그 맥락이 신시아라는 이름의 유칼립투스 나무로 상징화되고(앵커링*) 매일 꾸준히 돌보는 과정(리추얼)을 통해 개인적 가치로 자리 잡게 되었습니다.

'새로운 사실의 발견을 통하여 한 사람의 마음에 새로운 맥락을 형성하는 것', 이것이 바로 메타 모델입니다. 위의 예시에서 에릭슨은 충분히 상대방의 마음을 체험하고 동조하는 과정을 거치고 9개월간의 임신, 6개월간의 육아의 기쁨을 내담자가 충분히 체험하도록 했습니다. 에릭슨은 "행동의 변화는 내담자의 과거 경험에서 비롯되는 것이지 치료자로부터 비롯되는 것이 아니다."라고 말했습니다. 내담자는 고정된 틀에 갇혀

---

*   배가 원하는 위치에 정박하기 위해 닻(앵커)을 내리는 것과 같이 특정한 감정과 상황을 단어, 행위, 상징에 정박하도록 연결하는 행위

서 스스로를 계속 한계 속에 가두고 있을 뿐입니다. 고정된 맥락에 사로잡혀 삭제, 왜곡, 일반화된 사실만을 반복해서 처리하던 사람의 자동화된 패턴을 무력화하고 새로운 맥락을 세울 수 있도록 사실을 발견하는 방법이 메타 모델인 것입니다.

아쉽게도 일반적인 NLP에서는 메타 모델을 너무 단편적으로 다루고 있습니다. 단순히 삭제, 왜곡, 일반화된 정보를 복원함으로써 상대의 말을 정확하게 이해하기 위한 '질문법', 올바른 정보를 얻어서 상대방의 말을 정확하게 파악하는 '기술'로써 소비하고 있습니다. 그래서 구분된 유형에 맞춰 12가지로 분류하고 체크리스트를 만들어 대화의 표층 구조를 분석하고 세부 사항을 논하는 방식으로 사용됩니다. 이는 NLP 창시자들의 '분석'에 초점을 맞춘 나머지 발생하는 안타까운 오류입니다. 분석과 분류는 판단과 평가를 낳을 뿐입니다. 판단과 평가는 오히려 사람을 고정시킵니다. 사람의 마음이 고착된 상태로부터 해방되어 변화하기를 바란다면, 초점을 맞춰야 하는 것은 NLP의 핵심 가치인 '모델링'입니다. 에릭슨과 같은 결과는 '어떻게' 얻을 수 있는가? 여기에 초점을 맞춰 모델링할 때,

메타 모델이 진정으로 무엇인지를 알 수 있습니다. 결과를 붙들고 생각으로 이리저리 끼워 맞추는 것이 아니라 원리와 과정에 초점을 맞추고 적절한 훈련이 더해질 때 결과는 저절로 드러나는 것입니다. 메타 모델을 정보의 복원으로 이해하면 정보를 얻는 것 이상의 아무 일도 일어나지 않습니다. 새로운 사실의 발견으로 한 사람의 마음에 새로운 맥락을 만들어냈을 때야 비로소 당대 최고의 상담가들을 모델링했던 NLP의 메타 모델을 제대로 사용할 수 있습니다.

의미를 다루는 밀턴 모델 Milton Model

가까운 지인 중에 패션에 민감하고 자기 관리를 철저히 하는 남자 분이 있습니다. 키도 모델처럼 크고 매일 운동을 빼먹지 않으며 옷도 트렌드를 앞서서 챙겨 입는 편입니다. 이 분은 패션에 관심이 많고 자신감이 넘치다 보니 때로는 조금 과하다 싶을 정도로 화려한 옷을 즐겨 입는 편인데, 어느 날 한 여성 분이 자신의 옷을 보고 황당한 표정으로 "패션이 왜 이래? 너무 튀어요!"라고 말했습니다. 그러자 그는 가볍게 웃으며 이렇게 답했습니다. "너, 나한테 관심 있구나?"

맥락을 만들기 위해서는 사실과 의미를 다룰 줄 알아야 합니다. 이 이야기에서 사실은 무엇인가요? 패션이 얼마나 화려한지에 대한 판단은 주관적입니다만, 여성 분이 남성의 패션에 대하여 이야기를 했다는 것은 부정할 수 없는 사실입니다. 보통은 이렇게 패션에 대한 지적을 받게 되면 패션의 좋고 나쁨의 맥락 안에서 논쟁을 벌입니다. "이런 패션이 앞서나가는 패션이야!"라고 반박하거나 "너는 어떤가 보자!"라며 받아칠 수도 있겠지요. 어떤 형태든 패션의 좋고 나쁨의 맥락을 벗어나지 못합니다. 그런데 이 남성은 패션에 대한 평가라는 사실에 대해서 다른 의미를 연결했습니다. 자신의 패션에 대해 이야기하는 것(사실)은 자기에게 관심이 있음(의미)을 의미한다고 선언했습니다. 이렇게 기존의 맥락이 붕괴되고 새로운 맥락이 형성될 때 마음의 변화가 일어납니다. 이런 방식으로 사실에 새로운 의미를 연결하는 것을 밀턴 모델이라고 합니다.

에릭슨이 외과대학의 교수로 재직할 때의 일입니다. 에릭슨의 학생인 샘은 1학년 때는 매우 사교적이고 활발한 학생으로 모든 사람들이 좋아했습니다. 하지만 교통사고로 다리 하나를 잃은 후 지나치게 위축되고 예민해졌습니다. 에릭슨은 학생들과 함께 샘을 변화시키기 위한 계획을 세웠습니다. 에릭슨이 샘과 함께 건물로 들어서서 엘리베이터를 타려고 할 때 에릭슨과 모의한 학생들이 엘리베이터가 작동하지 않게 했습니다.

에릭슨 샘, 무슨 일이지? 엄지손가락에 문제라도 있나? 버튼을 누르게.

샘 네, 하고 있습니다.

에릭슨 엄지손가락이 약하면 다른 손가락으로 해보게나.

샘 그래도 움직이지 않습니다.

에릭슨 할 수 없군. 엘리베이터는 건강한 애들이나 타고 다니도록 하고 우리 절름발이들은 계단으로 올라가지.

그렇게 에릭슨과 샘, 두 절름발이는 계단으로 올라 강의실을 향했습니다. 그리고 강의가 끝났을 때 샘은 친구들과 다시 활발하게 어울리기 시작했습니다.

샘이 교통사고로 다리를 잃은 것은 사실입니다. 샘의 내면에서는 이 사실에 대한 여러 가지 의미가 연결되었습니다. 의미는 사실에 대한 감각, 감정, 생각입니다. 다리를 잃음으로써 경험되는 불편함과 할 수 없는 일들은 샘에게 위축감을 일으켰습니다. 예전과 다른 타인의 시선과 동정으로 짜증스러운 감정을 경험하고, 장애를 가진 사람으로 자신을 규정했습니다. 에릭슨은 이런 샘과 장애에 대해 이야기하거나 다리를 잃은 것을 동정하지 않았습니다. 그저 같은 절름발이로서 태연하게 계단을 올라 강의실로 향했을 뿐입니다. 계단을 오르는 과정에서 샘은 교수인 에릭슨과 동일시되었고, 샘의 내면에서 절름발이에 대한 새로운 의미가 연결된 것입니다.

기존의 NLP 서적에서는 '말을 의도적으로 애매모호하게 하는 것'이 밀턴 모델이라고 설명합니다. 그러면서 밀턴 모델을 '역 메타 모델'이라고 말합니다. 메타 모델이 삭제, 왜곡, 일반화된 정보를 찾아내는 과정이라고 보고, 밀턴 모델은 의도적으로 삭제, 왜곡, 일반화를 일으키는 과정이기에 메타 모델의 반대라고 생각한 것입니다. 그리고 밀턴 모델의 추상적이고 모호한 표현이 잠재의식에 접근할 수 있다고 설명합니다. 이 또한 과정과 맥락이 아니라 분석의 결과에 사로잡혀 만들어진 안타까운 오해입니다.

추상적이고 모호한 표현으로는 절대 잠재의식에 접근할 수 없습니다. 추상적이고 모호한 표현은 추상적이고 모호한 결과를 만들어낼 뿐입니다. 메타 모델이 단순히 정보를 얻는 과정이 아니었던 것처럼 밀턴 모델은 절대로 애매하게 이야기하는 방법이 아닙니다. 밀턴 모델은 정확하게 의도하는 목적을 가지고 그 맥락이 촉발될 수 있도록 고안된 지극히 전략적인 언어 패턴입니다. 단순하게 애매하게 이야기하는 것으로는 아무런 효과도 얻을 수 없습니다. 더불어 메타 모델과 밀턴 모델은 반대의 개념이 아닙니다. 혹자는 밀턴 모델을 최면 모델, 메타 모델을 최면 해제 모델이라고 이야기하는데 이 또한 잘못된 표현입니다.

밀턴 모델은 '기존의 사실에 새로운 의미를 연결하여 한 사람의 마음에 새로운 맥락을 형성하는 것'입니다. 에릭슨과 샘의 사례에서 샘이 가진 다리의 불편함은 장애라는 의미를 가지고 있었으나 에릭슨과 계단을 함께 오르는 과정에서 자신은 에릭슨 선생님과 같은 사람이라는 새로운 의미와 연결되어 맥락을 탄생시켰습니다. 영적인 것을 중시해서 몸을 소홀히 한 남자의 사례에서는 몸이 영혼을 담는 도구에 불과한 것이라는 관점에서 나를 목적지까지 데려다 줄 수 있는 유일한 것이라는 새로운 의미가 연결되었습니다. 베트남에서 입양된 에릭슨의 손녀 킴벌리의 피부색은 그녀에게 달콤하고 칼칼한 생강과자만큼이나 특별한 매력이라는 의미로 연결되었습니다. 이 모든 사례의 의미를 에릭슨은 논리적으로 직접 설명하지 않았습니다. 상대방이 스스로 체험하고 행동, 감각, 감정, 생각으로 의미를 연결할 수 있도록 도왔습니다. 에릭슨은 삭제, 왜곡, 일반화를 일으키는 애매모호한 말을 한 것이 아닙니다. 기존의 사실에 새로운 의미를 연결하는 과정에서 그 결과로 삭제, 왜곡, 일반화가 '발생'한 것입니다. 이 차이를 정확하게 이해하는 사람만이 밀턴 모델을 바르게 사용할 수 있을 것입니다.

메타 모델과 밀턴 모델은 용어 자체가 낯설고 이름만 듣고 한 번에 딱 의미를 파악하기 쉽지 않습니다. 그래서 다양한 사례를 근거로 두 용어를 다시 정의했습니다만, 용어의 유례를 알면 좀 더 이해하기 쉬울 것입니다.

NLP의 시초가 된 책 『NLP, 그 마법의 구조』를 쓸 당시, 리처드 밴들러와 프랭크 푸셀릭Frank Pucelik은 게슈탈트 심리치료의 프리츠 펄스를 중점으로 연구하고 있었습니다. 그러던 중 NLP 팀에 존 그린더가 합류합니다. 그러면서 가족 치료의 버지니아 사티어가 함께 통합되어 분석, 연구됩니다. 그렇게 프리츠 펄스와 버지니아 사티어의 상담 방법을 통합하여 연구한 결과로 나온 모델이었기에, 그 이름을 메타 모델이라고 지었습니다. 메타는 한 단계 위를 의미합니다. 버지니아 사티어와 프리츠 펄스를 아우르는 한 단계 위의 모델이라는 의미로 메타 모델이 된 것입니다.

그 후 그레고리 베이트슨의 권유로 리처드 밴들러와 존 그린더는 밀턴 에릭슨의 언어 패턴을 분석하기 시작합니다. 그 결과가 NLP의 시초가 된 두 번째 책 『밀턴 에릭슨의 최면 패턴』 입니다. 이 연구를 통해 만들어진 모델은 밀턴 에릭슨의 이름을 그대로 붙여 밀턴 모델이라 불렀습니다.

새로운 사실을 발견하는 메타 모델과 새로운 의미를 연결하는 밀턴 모델은 서로 독립된 '기법'이 아닙니다. 서로 반대되는 개념은 더더욱 아닙니다. 이 두 가지 모델은 개인이 마음의 고착으로부터 벗어나 경험의 재구조화를 하는 과정에서 일어나는 언어의 형태일 뿐입니다. 자연스러운 대화의 과정에서 일어나는 언어의 형태인 이상 당연하게도 버지니아 사티어와 프리츠 펄스도 의미를 연결하는 화법을 사용했으며, 밀턴 에릭슨도 내담자가 새로운 사실을 드러내고 체험하도록 하였습니다. 다만 새로운 사실을 드러내고 지지한 채로 내담자가 스스로 의미를 연결하도록 하는 앞의 두 사람과 비교할 때, 에릭슨은 의미의 연결에 간접적으로 개입을 했다는 차이가 있습니다. 그러나 인지언어학자 조지 레이코프 George Lakoff의 말처럼 우리의 언어가 기본적으로 은유적이라는 것을 이해하고, 에릭슨의 말처럼 일상에서 주고받는 모든 대화가 개입과 조종으로 이루어져 있음을 고려하면 그 차이는 크지 않습니다. 아울러 에릭슨의 개입적 상담의 결과로 내담자가 더 짧은 시간에 치료를 마치고 삶을 영위할 수 있었음은 말할 것도 없습니다.

06

현대 최면의 거장에게 듣는 최면의 정의

에릭슨의 제자이자 동료였던 어니스트 로시는
밀턴 에릭슨과의 대담에서 이렇게 말했습니다.
"치료자는 단지 무대를 마련해주는 것이군요.
내담자의 무의식이 창조적인 활동을 할 수 있는
조건을 만들어주기 위해서 말이죠."
에릭슨은 이에 이렇게 답했습니다.
"바로 그렇습니다."

사실을 드러냄으로써 비판력을 내려놓다

최면을 과학의 영역으로 끌어올리고자 했던 에릭슨의 노력에도 불구하고 아직도 최면에 대한 가장 대표적인 이미지로 푹신한 의자에 정신을 잃은 듯 쓰러져 최면가의 암시를 듣고 있는 사람의 이미지를 떠올리는 것이 보통입니다. 이는 미디어의 영향으로 만들어진 이미지입니다. 제한된 시간 안에 자극적이면서 원인과 결과를 명확하게 확인할 수 있는 콘텐츠를 만들어야 하는 방송국의 입장에서 최면의 한 측면을 과도하게 포장해서 노출했기 때문입니다. 그 결과 연예인들의 전생을 보여주는 최면이나 마늘이나 양파를 아무렇지 않게 씹어 먹는 무대 최면을 미디어가 반복 노출함으로써 최면에 대한 이미지는 마술과 크게 다르지 않게 되어버렸습니다.

하지만 앞서 소개한 에릭슨의 사례에서 알 수 있듯이 최면은 매우 일상적인 대화의 형태를 띠고 있으며 사람의 마음을 변하게 하는 모든 활동을 지칭합니다. 조금 더 자세하게 말하면 일상생활에서 사실과 의미를 발견하고 연결하는 모든 방법이 바로 최면입니다. 에릭슨은 이런 최면을 여러 가지로 정의했는데 '언어적 수준과 비언어적 수준에서 일어나는 상호 개인적 커뮤니케이션', '개인의 여러 가지 성격을 자극함으로써 경험을 통해 특별한 학습을 가능하게 하는 방법'이라고 말했습니다.

이번 장에서는 최면의 정의를 바탕으로 사실과 의미를 다루는 메타 모델과 밀턴 모델이 상담실을 벗어나 어떻게 일상생활에서 활용될 수 있는지 알아보겠습니다.

"최면이란 현재 의식의 비판력을 우회해서 받아들일 만한 선택적인 사고를 확립하는 것이다."

에릭슨과 함께 현대 최면의 양대 거장인 데이브 엘먼^{Dave Elman}이 사용한 최면의 정의입니다. 현대의 수많은 최면 전문가들이 최면을 설명할 때 사용하는 이 문장은 두 파트로 구성되어 있습니다. 하나는 현재 의식의 비판력을 우회하는 부분이고, 다른 하나는 받아들일 만한 선택적인 사고를 확립하는 부분입니다. 이 두 가지가 충족되면 어떤 형식이든 다 최면이라고 말할 수 있는 것입니다. 반대로 누군가 최면을 배워서 형식적인 순서에 맞춰 직접 최면을 하더라도 두 파트 중에서 어느 한 가지라도 성립하지 않으면 그것은 최면이라고 말할 수 없을 뿐 아니라 제대로 작동하지도 않습니다.

그렇다면 첫 번째 파트부터 한번 살펴보겠습니다. 비판력을 어떻게 우회할까요? 저는 우회라는 표현보다 이렇게 표현하는 것을 더 좋아합니다. '비판력을 놓아버리고 의식을 안심시킨다.' 이 관점의 차이가 매우 중요합니다. 관점은 최면가 또는

NLPer*가 근본적으로 어떤 태도로 사람의 마음과 세상을 만나고 있는가를 보여주기 때문입니다. 다시 말해서 어떤 마음을 기반으로 해서 상대를 만나고 있느냐를 의미합니다. 최면을 정의하는 나의 가치관은 상대방으로부터 경험하는 정보의 필터가 되어 제한된 정보를 인지하게 함으로써 최면의 결과에 그대로 영향을 미칩니다.

비판력의 우회라는 표현에는 뭔가를 피해간다는 느낌이 담겨 있습니다. 마치 경비원을 속이거나 경비 시스템을 해킹해서 몰래 남의 집에 침입하는 도둑이 된 느낌입니다. 'Suggestion'을 암시라는 표현으로 번역한 것과 마찬가지로 우회라는 말에는 말하는 사람이 상대방 모르게 해를 끼치려는 느낌이 있습니다. 이런 맥락이 기반이 되어서 최면을 실행하게 되면 상대방을 대하는 태도에 그 마음이 담기게 됩니다. 그래서 내가 하는 말이 상대의 비판력을 건드릴까 두려워 조심스러워지고 긴장감을 갖고 경직된 사고로 임하게 됩니다. 상대방을 경직된

---

*   NLP를 사용하는 사람

사고로부터 해방시켜야 할 최면가가 오히려 최면에 걸려버리는 것입니다. 물론 상대방도 무의식적으로 그 긴장감을 느끼고 비판력이 더 강해질 것입니다.

과거에 비해서 현대인은 비판력을 발휘해야 할 요소가 대단히 많아졌습니다. 종교로 예를 든다면, 예전에는 종교를 포교, 전도할 때 그저 '믿으세요.'라는 말이면 충분했습니다. "하나님 믿고 천국 가세요. 믿지 않으면 지옥에 갑니다. 백 일 동안 간절히 아침마다 정성으로 기도하세요. 그러면 바라는 바가 이루어집니다." 이렇게 사실과 의미가 연결된 간단한 문장으로도 쉽게 비판력의 우회가 가능했습니다. 예전에는 매일 '나무아미타불 관세음보살'만 계속 암송하는 분도 많이 있었습니다. 왜냐하면 복잡한 수행 없이 나무아미타불 관세음보살을 반복해서 말하는 것(사실)만으로도 극락에 갈 수 있다(의미)고 믿었기 때문입니다. 스님의 최면 제안에 비판력을 발휘하지 않고 선택적 사고로써 받아들인 것입니다. 하지만 현대인의 비판력은 대단히 민감해졌습니다. 그래서 점점 단순하게 "믿어라, 믿으면 이뤄질 것이다." 같은 말로는 설득할 수 없게 되었습니다.

그래서 최면의 원리가 적용된 새로운 포교 방법이 생기고 있습니다. 최근 문제가 되고 있는 교회에서 하는 성경 공부 모임도 그러한 예가 될 수 있습니다. 교회에서 성경을 공부하는 것은 자연스러운 맥락이라 대부분 의심 없이 참여합니다. 그리고 공부 모임에서 성경에 쓰인 글귀에 새로운 의미를 들려주는데 여기서 납득이 일어납니다. 전에는 납득하기 어려운 부분이 있어도 믿음이 부족해서 그렇다는 말로 넘어갔다면, 새로운 성경 모임에서는 그런 부분이 새로운 의미로 납득되면서 마음의 변화가 일어난 것입니다. 또 심리 테스트나 심리 상담, 설문 조사와 같은 자연스러운 상황을 만들어 높아진 비판력을 우회할 수 있는 형식을 만들어 전도하기도 합니다. 포교나 전도 활동에서도 예전과는 달리 예민해진 현대인의 비판력을 넘기 위한 다양한 시도가 일어나고 있는 셈입니다.

현대인의 비판력이 얼마나 높아져 있는지 예를 들어 설명드리겠습니다. 세 명의 친구가 여행을 가서 한 호텔에 묵게 되었습니다. 그런데 한 명이 방에 들어가려고 호텔방에 카드키를 댔는데, 문이 열리지 않았습니다. 그래서 문이 열리지 않는다고 다른 친구들에게 말을 합니다. 여기서 사실과 의미는 뭘까요? 문이 열리지 않는 것이 사실이고, 카드에 문제가 있거나 문의 잠금장치에 문제가 있어서 안 열리거나 혹은 문이 열렸는데도 문 뒤의 뭔가에 걸려서 안 열리거나 하는 문제를 상상할 수 있을 것입니다. 이 의미를 받아들인다면 카드가 바뀐 건 아닌지 방 호수와 카드에 적힌 숫자를 교차 체크하거나 혹은 호텔 프런트에 가서 문이 열리지 않는다고 이야기할 수 있습니다. 또는 열쇠 수리공을 직접 불러 문제를 해결할 수도 있을 것입니다. 그런데 현대인은 "그것도 못 열어? 카드 이리 줘봐!" 하고는 다른 한 명이 다시 시도합니다. 그렇게 두 번째 사람도 실패하면 벌써 두 명이 시도해본 결과임에도 불구하고 남은 한 명이 "진짜로 안 돼?" 하면서 또 확인을 해봅니다. 이 정도로 비판력이 많이 올라간 채로 살고 있습니다.

과거에는 한 사람의 인생에서 선택의 기회가 별로 없었습니다. 태어났는데, 아버지가 노비면 자기도 노비, 아버지가 농부면 자기도 농부, 아버지가 왕이면 자기도 왕위를 물려받는 식으로 태어나자마자 정해져 있는 대로 그 길을 쭉 따라가면서 살았습니다. 그리고 자기가 태어난 마을에서 죽을 때까지 계속 살다가 죽는 경우들이 대부분이었습니다. 일이 있어서 잠시 물건을 사러 가거나 이동할 때도 있었지만 자기가 사는 곳이 바뀌는 경우는 거의 없고 심지어 평생 동안 마을을 떠난 적이 한 번도 없이 죽는 경우도 있었습니다. 그렇기 때문에 한 사람에게 주어지는 정보도 많지 않고 비판력을 세워서 날이 선 채로 판단하고 따지고 들어야 하는 일이 거의 없었습니다. 삶에서 일어날 일에 대한 정보는 할아버지에서 아버지로 전해오면서 배우는 것으로 이미 충분했기 때문입니다.

불과 100년, 150년도 안 된 시절의 이야기입니다. 그런데 불과 100년 조금 더 지났을 뿐인데, 현재는 어마어마한 정보의 홍수 속에서 자기 스스로 모든 것을 선택하고 결정해야 합니다. 그리고 이 선택과 결정의 결과가 인간관계와 직업, 사회적 지위, 건강에 영향을 미쳐서 주관적인 경험으로 자기 삶이 마치 노예의 삶처럼 느껴지기도 하고 왕의 삶처럼 느껴지기도 합니다. 나의 선택 하나하나가 삶을 굉장히 극단적으로 바꿀 수 있는 세상이 되어버린 것입니다. 100년 전까지 거슬러 올라가지 않더라도

30~40년 전까지만 해도 "서울에 가서 눈 감으면 코 베어 간다."는 이야기가 있었습니다. 이 말은 서울에 가면 비판력의 날을 세워서 민감하게 하나하나 따져보지 않으면 속아서 모든 것을 잃을 수 있다는 뜻입니다. 그런데 지금은 서울이 아니라 대한민국에 사는 대부분의 사람들이 마음속에 비판력이 높지 않으면 코를 베일 것 같은 그런 불안감, 두려움이 내재되어 버렸습니다.

수시로 경계경보가 울리는 집에서 산다면 얼마나 피곤할까요? 현대인이 바로 그렇습니다. 사소한 일에도 비판력을 유지하려고 하다 보니 많은 사람이 지치고 힘들어 합니다. 어떤 선택을 해야 옳을지 정답을 알 수 없으며 또한 정답처럼 보이는 정보가 홍수처럼 밀려옵니다. 이 혼란 속에서 우리는 비판력을 놓아버리고 안심할 수 있도록 도와줘야 합니다. 모든 요소를 하나하나 살펴보며 평가하는 마음을 잠시 내려놓는 것입니다. 두뇌의 한정된 자원을 잡아먹고 있던 비생산적인 고착 요소를 풀어낼 때, 두뇌는 풍부한 자원을 바탕으로 다양한 의미의 연결을 구축할 수 있습니다. 그렇다면 비판력을 놓도록 하는 방법은 무엇일까요? 그것은 사실을 지지하는 것입니다.

에릭슨의 제자이자 동료였던 어니스트 로시는 밀턴 에릭슨과의 대담에서 이렇게 말했습니다. "치료자는 단지 무대를 마련해주는 것이군요. 내담자의 무의식이 창조적인 활동을 할 수 있는 조건을 만들어주기 위해서 말이죠." 에릭슨은 이에 이렇게 답했습니다. "바로 그렇습니다." 있는 그대로의 사실, 의심할 여지가 없는 사실이 그대로 편안하게 편견 없이 지지될 때 우리의 의식은 안심하고 비판력을 놓아주게 됩니다. 새로운 의미를 연결할 수 있도록 무의식이 활동할 무대가 마련되는 것입니다. 그러므로 최면가는 상대방의 마음에 침입하는 도둑이 아니라 안심하고 쉴 수 있는 쉼터를 제공하는 보호자이자 새로운 세계를 안내하는 안내자로서 다른 사람(물론 자기 자신과 세상에 대한 만남도 마찬가지지만)을 만나야 합니다. 따라서 최면의 첫 번째 파트는 의식을 안심시키고 비판력을 내려놓고 쉴 수 있도록 사실을 드러냄으로써 가능합니다. 앞에서 설명한 메타 모델을 사용하여 삭제되고 왜곡되고 일반화되어 버린 사실을 비난하거나 평가하지 않고 조건 없이 꺼내놓도록 보호하기만 하면 최면의 첫 번째 파트는 이미 성립된 것입니다.

선택적인 의미를 연결하라

사실을 다룸으로써 의식을 안심시키고 비판력을 놓아두도록 했다면 최면의 두 번째 파트, 받아들일 만한 선택적 사고의 확립은 어떻게 해야 할까요? 감이 좋은 분들은 벌써 눈치 채셨을 것입니다. 선택적 사고의 확립은 바로 의미의 연결을 통하여 맥락을 세우는 것입니다. 많은 사람이 하나의 사실에 하나의 의미를 연결합니다. 앞의 사례에서 보았던 교통사고로 다리를 잃은 샘은 장애라는 의미에 고착되어 있었습니다. 거기에는 선택의 여지가 없는 듯 보였습니다. 오직 하나의 의미만이 존재하는 것처럼 여겨졌습니다. 제한된 맥락 안에서 그 외의 사실들은 발견할 수 없었던 것입니다. 하지만 절름발이라는 사실이 에릭슨에 의하여 투명하게 지지되고 '우리 절름발이'로서 에릭슨과 함께 행동하면서 새로운 선택적 사고가 확립됩니다. 누군가에게 동정 받거나 부족한 사람이 아닌 당당한 존재로서 새로운 의미가 연결되고 맥락이 세워진 것입니다. 사실에 연결될 수 있는 무한한 의미 중 하나가 선택되고 연결되어 굳건히 확립되었기에 마음에 변화가 일어났습니다. 재미있게도 저는 맥락을 세운다는 표현을 주로 사용하는데 최면의 정의에서도 선택적 사고를 확립establish한다는 표현을 사용합니다. 경험되는 현상에 대한 감각이 은유적으로 유사하기 때문에 같은 표현이 연결되는 것으로 보입니다. 밀턴 모델을 사용하여 선택적인 의미가 연결되고 맥락이 만들어질 때, 최면의 두 번째 파트까지 모두 성립하게 됩니다.

밀턴 에릭슨이 정신 병원에서 일하던 시절의 일입니다. 밤 늦게까지 정신 병원에서 일하던 에릭슨은 급작스럽게 위험한 상황에 빠졌음을 깨달았습니다. 살인을 저지르려는 환자가 엘리베이터에 몸을 숨기고 있었고 에릭슨은 엘리베이터 문을 닫고 나서야 그 환자를 발견한 것입니다. 환자는 낮은 목소리로 말했습니다. "당신이 저녁 회진을 돌 때까지 기다렸소. 다른 사람들은 병동 끝에 있지. 나는 당신을 죽일 거요." 그의 말에 에릭슨은 이렇게 답했습니다. "흠, 그럼 저기서 저를 죽일 건가요? 아니면 이쪽에서?" 환자는 에릭슨이 가리키는 위치를 순서대로 돌아보았습니다. 그 사이에 엘리베이터의 문이 열렸습니다. 문이 열리자 에릭슨은 다시 태연하게 말했습니다. "저쪽에는 이후에 앉을 수 있는 의자가 있습니다. 당신도 보면 그 사실을 알 수 있을 것입니다. 그리고 저쪽 아래에도 의자가 하나 있지요." 말을 하면서 에릭슨은 걷기 시작했습니다. "그리고 저쪽에도 의자가 하나 더 있고 복도 끝에도 적당한 곳이 있지요." 환자는 에릭슨을 따라 걸으면서 에릭슨의 종말을 위해 그가 고를 수 있는 자리들을 둘러보았습니다. 그리고 마침내 에릭슨은 간병인들이 모여 있는 대기소까지 무사히 도착했습니다.

이 사례에서 주목할 부분은 환자가 자신을 죽이려 한다는 사실에 대해서 에릭슨이 아무런 저항을 하지 않았다는 점입니다. "환자의 마음을 어떻게 우회하지?"라고 생각해서는 이미 환자와 대결의 양상을 벗어날 수 없습니다. 오히려 그 반대입니다. 에릭슨이 환자가 가지고 있는 사실을 있는 그대로 받아들이자 환자는 비판력을 놓고 안심합니다. 그리고 에릭슨의 제안에 기꺼이 귀를 열어 듣기 시작합니다. '어디가 에릭슨을 죽이기에 가장 좋은 자리일까?'라는 맥락이 세워지자 환자의 주의는 '죽인다'는 행위가 아니라 '가장 좋은 자리를 찾기'라는 선택적 사고에 몰입하게 되었습니다. 그리고 그 결과 에릭슨은 안전하게 간병인들이 모인 곳까지 이동할 수 있었습니다. 일단 맥락이 세워지자 환자의 의식은 선택된 사고를 벗어나기 어려워진 것입니다. 이 에피소드를 통해 최면의 두 요소가 모두 성립된 것을 확인할 수 있습니다. 자신의 목숨이 위험할 수 있는 절체절명의 순간에도 태연하게 상대방의 세계를 경험하고 새로운 방향으로 이끌 수 있는 에릭슨의 놀라운 능력은 이렇게 자연스럽고 전략적인 최면의 결과입니다. 아울러 최면의 두 요소는 지난 장에서 설명한 메타 모델과 밀턴 모델과도 맞닿아 있음을 알 수 있습니다. 메타 모델과 밀턴 모델을 적절하게 사용할 때 최면의 두 요소는 저절로 성립되기 때문입니다.

이제 일상생활에서 최면의 사용이 어떻게 이루어지는지 미세한 감각을 느끼실 수 있을 것입니다. 비판력을 놓고 의식을 안심시킨 후 내가 제안하는 체험에 주의를 기울일 수 있도록 만드는 과정 없이는 최면이든 NLP든 제대로 작동하지 않습니다. NLP가 상담실을 벗어나서 사용하기 어려운 이유도 동일합니다. 상대방이 내 말을 듣고 의미를 체험할 준비가 전혀 되어 있지 않기 때문입니다. NLP에서는 이에 대한 해결책으로 라포르rapport를 이야기합니다. 충분한 페이싱**pacing을 통하여 라포르를 쌓는 것을 먼저 진행한 후에 NLP 기법을 사용하라고 말합니다.

일반적으로 많은 사람이 가진 오해는 라포르를 친밀감이라고 생각하는 것입니다. 그래서 가벼운 대화를 나누며 상대방과 친해지는 시간을 갖습니다. 아쉽게도 라포르를 친밀감이라고 여기면 정확한 확인이 어렵습니다. '친해진 정도'처럼 모호하고 주관적인 지표로 친밀감 형성 여부를 어떻게 확인할 수 있을까요? 라포르는 친밀감이 아닙니다. 가장 친한 친구를 만났다고 가정하겠습니다. 그 친구와 저는 매우 깊은 친밀감을 가지고 있습니다. 제가 말합니다. "잠깐 양팔을 펼쳐봐." 친구가 대답합니다. "왜?" 라포르를 친밀감으로 생각할 때 벌어질 수 있는 흔한 오류입니다. 친구는 저의 제안을 전혀 받아들이지 않았고 비판력을 세웠습니다. 친밀감과 비판력은 서로 별

** 상대방이 경험하는 세상을 함께 체험하기 위해 외적인 행동과 내적인 상태를 맞추는 방법

개의 개념인 것입니다. 이런 착각이 NLP의 사용을 어렵게 합니다. 라포르를 형성하기 위해 상대방의 말을 맞장구치고 관심 있는 척 대화를 들어주고 공감하면서 조금 가까워졌다고 느끼면 '이제 라포르가 쌓였구나!'라고 혼자 생각합니다. 라포르는 단순한 친밀감이 아닙니다. 라포르는 내 말을 들을 준비가 되어 있는 상태를 의미합니다.

각각의 개인이 체험하는 세상은 주관적입니다. 또 명확하게 디지털로 수치화되어 있지 않습니다. 그렇기 때문에 사람은 누가 말하느냐, 그리고 어떤 순서로 어떻게 말하느냐에 따라서 다른 대답이 나옵니다. 객관적인 진실이라는 것과 관계없이 주관적 진실이 존재한다는 것입니다. 예를 들어 한여름에 기온은 30도를 오르내리고 있습니다만, 비가 계속 오다 말다 하면서 조금은 서늘해지고 습하고 구름이 많아 해가 쨍쨍하지는 않은 날씨입니다. 이런 날씨에 상대방에게 "오늘은 그래도 덜 덥지요?"라고 물었을 때, 상대가 "습도가 높아서 그런지 더 덥네요."라고 대답한다면 상대와 나 사이에는 아직 라포르가 형성되지 않은 것입니다. 왜냐하면, 나의 말에 대해서 충분히 긍정할 만한 요소들이 있음에도 불구하고 부정하고 있기 때문입니다. 아직은 비판력을 놓고 의식이 안심하고 있지 않은 것입니다. 나의 제안을 체험할 준비가 되어 있지 않은 것입니다.

상태의 확인은 이처럼 명확한 측정 근거가 있어야 가능한 것입니다. 단순히 '이 정도면 친해졌네. 라포르가 생겼겠지?'라는 생각으로는 확인할 수 있는 근거가 없습니다. 라포르 형성 여부를 확인하고 나의 제안을 체험할 준비가 되어 있음이 확인되면 다음으로 주의를 모으는 질문을 합니다. "요즘 어떠세요? 뭐 힘든 일 있으셨나요?" 라포르가 제대로 형성되었다면 상대방은 자기 삶의 힘든 부분을 찾아내게 됩니다. 삶에 아무런 문제가 없어 보이는 사람이라도 "어제 마트에 갔는데 주차 공간이 없어서 20분을 돌았다니까요."와 같은 사소한 힘든 일이라도 찾아내서 답변하게 됩니다. 자, 이제 상대방의 주의 attention가 나의 제안에 모아져 체험이 일어나기 시작했습니다. 일상생활의 최면은 이렇게 이루어집니다.

07

마음이 변하는 모든 현상은 최면이다

에릭슨은 말합니다.
내담자를 주의 깊게 관찰하고
그의 고유한 체험을 따라가면서
내담자가 스스로 가진 자원을 활용하도록
신중하게 반응하는 것이
자신이 할 수 있는 모든 것이라고.

최면의 깊이에 대한 오해

비판력을 놓고 의식이 안심하게 하는 첫 번째 파트와 의미의 연결로 선택적 사고를 확립하는 두 번째 파트가 모두 성립하면 최면이 성립됩니다. 그래서 최면은 이완과도 관련이 없고 트랜스와도 관련이 없습니다. 이완이 되어 있고, 트랜스 상태에 있더라도 앞에 설명한 두 파트가 만족되지 않으면 최면이라고 할 수 없습니다. 그러다 보니 트랜스와 이완을 전제로 했던 최면의 깊이도 그 의미가 많이 퇴색되었습니다. 국내에서 행해지는 대부분의 최면이 깊은 최면 상태로 유도하는 능력과 해당 상태의 특성을 만들어내는 것을 중요하게 여깁니다. 예를 들면 얕은 트랜스에서는 몸이 편안하게 이완되고, 근육에 힘이 들어가지 않고, 눈을 뜰 수 없다거나 중간 트랜스에서는 근육의 경직이 일어나고, 감각을 잃어버리고, 숫자를 잊어버리는 등의 조작이 일어나고, 깊은 트랜스에서는 완전하게 의식이 조작되어 잠이 든 것처럼 외부 의식이 사라지고, 통증이 사라지는 상태가 된다거나 하는 식입니다.

이런 지표의 문제점은 지표는 지도처럼 나의 위치를 확인하기 위한 가이드일 뿐인데 오히려 이런 상태를 만드는 것에 지나치게 집착하게 된다는 점입니다. 근육 경직*catalepsy이나 최면 코마**hypnotic coma를 만드는 것이 최면의 목적이 되어버리는 경우를 많이 보았습니다. 또 이를 영상으로 찍어 유튜브에 올려 자신의 능력을 과시하는 경우도 적지 않습니다. 이는 마치 종교인이 절을 하면서 자신은 108배를 매일 아침 할 수 있

---

* 내담자에게 경직과 관련된 제안을 하여 작게는 팔과 다리의 관절에서 전신에 이르기 까지 몸을 경직시키고 굽혀지지 않음을 체험하는 상태
** 최면이 깊어져 통증을 느끼지 않거나, 말하고 움직이지 못하는 상태

다거나 하루 만 배의 절을 할 수 있다고 우쭐해 하는 것과 같습니다. 우리가 절을 하고 기도를 하는 것은 삶을 잘 살기 위함이지 기도를 잘하기 위함이 아니라는 것을 잊은 것이죠. 그래서 해외에서도 최근의 조류는 최면의 깊이와 지표에 대한 의미가 퇴색되어가고 있는 추세입니다.

실제로는 최면에서 중요한 것은 일상적인 대화에서 일어나는 최면의 원리를 이해하고 이를 활용할 수 있는가입니다. 이 과정에서 내가 제안한 세계로 상대방이 주의를 이동시켰는지 그리고 상대방이 해당 세계에 얼마나 깊이 몰입하는지를 확인할 수 있다면 에릭소니언 최면을 확인하는 지표로 부족함이 없습니다. 이 두 가지 요소 중 '몰입의 정도'가 바로 최면의 깊이라고 할 수 있습니다. 그리고 내가 제안한 세계와 생생하게 상호작용하며 몸의 감각sensory을 느끼고, 때로는 울고 웃으며 강한 감정affective 반응을 보이는가 하면, 적절히 몸을 움직이는 행동motor 반응을 보이고, 제안된 맥락 아래에서 곰곰이 생각cognitive하는 반응을 일으킨다면 이미 깊은 최면에 빠져 있는 것입니다. 앞에 소개된 에릭슨의 사례와 같이 일상생활에서 자연스럽게 최면의 두 파트를 만족시키고, 맥락을 형성하여 상대를 몰입시킬 수 있다면, 내가 얼마나 최면 마취를 잘하는지, 다른 사람의 몸을 딱딱하게 굳혔는지는 그다지 의미가 없는 일이 됩니다. 최면은 마술이나 쇼가 아니라 삶을 더 잘 살기 위해서 배우고 익히는 것이기 때문입니다.

일상생활에서 최면을 진행할 때 상대방은 조작의 대상이 아니라 탐구의 대상이며 호기심의 대상입니다. 에릭슨과 어니스트 로시는 최면의 활용이 최면가의 능력에 초점이 맞춰지는 것을 우려했습니다. 상대방이 아니라 최면가 자신의 욕구를 극대화할 때 치료는 그 토대를 잃게 됩니다. 그래서 무대에서 행하는 최면은 내담자가 아니라 최면가의 능력에 초점이 맞춰져 있기 때문에 옳지 않다고 여겼습니다. 최면가의 능력을 과시하기 위한 모든 형태의 세션도 마찬가지입니다. 에릭슨은 최면이 실패하거나 일시적인 효과에 그치는 이유에 대하여 상대방에 대한 깊은 관심과 관찰 없이 오로지 상대방을 최면가의 제안을 수행하는 자동화된 인간으로 다루기 때문이라고 말했습니다.

그렇다면 상대방의 내면을 온전히 체험하여 최면으로 변화시킨다는 것은 무엇일까요? 이 메커니즘을 정확하게 정의할 필요가 있습니다. 우리는 우리 자신이 스스로를 의식적으로 통제하며 살고 있다고 생각합니다. 그런데 사실은 그렇지 않습니다. 외부 환경에 대한 우리의 감각적이고 감정적인 반응과 생각의 거의 90% 이상이 무의식적으로 이루어집니다. 이 무의식적인 반응은 굉장히 자연스럽고 당연한 것입니다. 지금 여러분은 숨을 쉬고 있습니다. 그렇지요? 그럼 이제 숨을 들이쉬었다가… 내쉬고… 들이쉬었다가… 내쉬고… 지금 제가 말하는 것을 따라서 계속 의식해보세요. 의식적으로 들이쉬고 내쉬고를 반복해보세요. 숨을 의식적으로 들이쉬고 내쉬면서 다른 것을 해보시기 바랍니다. 다른 행동을 쉽게 할 수 있나요? 호흡을 계속 의식하면서 다른 것에 몰입하기는 어렵습니다. 다른 것에 몰입하는 순간 호흡은 의식에서 멀어지지요. 호흡은 우리가 의식하지 않아도 알아서 일어납니다. 우리의 무의식이 알아서 호흡이 이루어지도록 하고 있습니다.

호흡뿐 아니라 우리의 팔 다리, 내장과 기관이 모두 무의적으로 활동하고 있습니다. 그러면서 우리의 감각 기관이 1초에 1,120만 비트의 외부 정보를 감각합니다. 하지만 이 어마어마한 양의 정보 중에서 의식이 처리할 수 있는 양은 1초에 40~60비트에 불과합니다. 엄청난 차이죠. 전체 감각 시스템이 처리하는 정보 중에서 의식이 처리하는 비중은 이렇게 적습니다. 그러면 나머지는 누가 처리하느냐. 무의식이 담당하게 됩니다. 무의식은 의식에 비해 거의 22만 배 이상의 많은 정보를 처리합니다. 실제로 우리의 삶을 결정하는 것은 무의식입니다.

외부에서 어떤 상황이 닥쳤을 때 때로는 화가 나고, 때로는 불안하고, 눈물이 나는 반응이 자동적으로 일어납니다. 이러한 반응 패턴은 그동안 살아오면서 특정 사실에 대하여 반복해서 연결된 의미로 인해 맥락이 형성되었기 때문에 일어납니다. 의미는 주관적 체험을 바탕으로 만들어집니다. 특정 사실에 대한 감각, 감정, 생각을 바탕으로 사실에 대한 의미가 연결됩니다. 그리고 반복을 통하여 맥락이 만들어지면 무의식은 이 맥락을 바탕으로 정보를 처리하고 반응을 일으킵니다. 이렇게 자동화된 패턴은 일상생활에서 우리를 자극하는 수많은 정보를 처리하며 살아갈 때 꼭 필요한 기능입니다.

무의식적 반응 패턴을 발견하기

문제는 무의식적인 반응 패턴이 '반복적으로' 좋지 않은 결과를 낳을 때입니다. 좋지 않은 결과는 언제든 존재할 수 있습니다. 많은 사람들이 종교, 무속, 주술, 과학, 심리학, 돈, 권력, 사랑 등으로 자신이 경험하는 세상의 부정적인 결과를 제거할 수 있으리라고 착각합니다. 하지만 좋음과 나쁨은 서로 의지하여 존재합니다. 그렇기에 어느 한쪽을 제거하고 좋음만 경험하는 것은 불가능합니다. 우리가 할 수 있는 것은 좋지 않은 결과를 경험했을 때, 거기에 연결된 감정을 충분히 경험하고 같은 결과가 반복적으로 일어나지 않도록 행동과 패턴을 변화시키는 것입니다. 하지만 일반적으로 행해지는 부정적 감정을 억압하고 회피하려는 시도는 오히려 부정적인 결과의 반복을 초래하고 외부 상황에 대한 피드백을 바탕으로 일어나야 할 새로운 학습을 방해합니다. 우리가 최면으로 변화시키는 것은 바로 이 무의식적인 반응 양식입니다. 반복적으로 문제를 초래하는 고착된 맥락을 바꾸고 싶은 것입니다. 그리고 맥락을 바꾸는 것은 새로운 사실을 발견하고 의미를 연결하여 맥락을 세울 때 비로소 가능해집니다. 최면이 무의식과 관계를 맺는 도구인 이유는 바로 두뇌가 맥락을 만드는 원리를 바탕으로 하기 때문입니다.

새로운 맥락이 형성된다는 것은 무의식적인 반응 양식의 변화를 의미합니다. 그 결과 세상의 경험이 달라집니다. 기존의 맥락과 가치가 삭제, 왜곡, 일반화하던 정보들이 새로운 맥락에 맞추어 다른 형태로 감각됩니다. 다른 감정을 느끼고 다른 행동을 하게 만듭니다. 그 결과 만들어진 맥락은 강화되고 단단해집니다. 우리의 자아는 이렇게 끊임없이 새로운 맥락이 형성되고 기존의 맥락이 약해지는 과정이 반복되는 맥락과 가치의 연속적인 복합체인 것입니다.

친구 중에 보험 영업을 하는 친구가 있습니다. 이 친구가 보험 영업을 시작했을 때, 처음에는 가까운 지인들을 대상으로 영업을 했습니다. 그러나 만날 수 있는 지인이 더 이상 없어진 이후로는 실적이 부진해서 많이 힘들어하고 있었습니다. 일이 잘 안 풀려서 자신감이 떨어지고 이 일을 계속할 수 있을지 혼란스러운 상황이었습니다. 여기까지는 아직 드러난 것이 없습니다. 실적 부진으로 인한 고통이라는 관념에서 더 나아가지 못한 상황이기 때문입니다. 많은 사람이 쉽게 저지르는 실수는 논리적인 접근으로 상대를 설득하려고 하는 것입니다. "몇 달 실적이 부진한 것으로 이 일이 네게 맞지 않다고 성급하게 일반화하는 것 아니야?"와 같은 반응을 보이는 것입니다. 또 다른 실수는 "그래, 보험 영업이 생각보다 쉽지 않지."와 같이 지나치게 상대방의 자동화 반응에 동조한 나머지 오히려 상대방의 부정적 맥락을 강화하는 것입니다. NLP의 페이싱을 잘못 이해한 경우에 이런 상태에 빠지기 쉽습니다.

메타 모델로 우리가 알고자 하는 것은 앞에서 설명한 '무의식적인 반응 패턴'입니다. 매우 구체적인 상황에서 일어나는 무의식적인 반응을 발견하기 위하여 질문을 던지는 것, 이것이 메타 모델을 바르게 사용하는 방법입니다. 보험 영업으로 힘들어하는 친구와 대화를 나눈 끝에 발견한 것은 이 친구가 지인이 아닌 사람, 그러니까 지인의 소개로 만나거나 보험사에서 연결해준 낯선 사람과 이야기를 나눌 때면, 보험 판매와 관련된 이야기, 계약과 관련된 이야기를 꺼낼 때마다 자기 안에서 '이래도 되는 걸까, 이런 식으로 팔아도 괜찮은 걸까?'라는 걸림이 있다는 것이었습니다. 이런 이유 때문에 낯선 사람에게 보험을 판매하는 행위에 대해서 불안감이 든다는 사실이었습니다. 이렇게 구체적인 맥락에 연결된 순간, 자신이 다른 사람의 인생을 계획하는 일에 무거운 책임의식을 가지고 있다는 사실이 발견되었습니다. 그리하여 잠깐 소비되는 물건을 파는 사람이 아니라 한 사람의 인생이란 긴 시간을 함께 계획하고 조언할 수 있는 사람이 되어야겠다는 맥락이 세워졌습니다. 새로운 맥락이 세워지자 이전처럼 주저하는 마음이 사라졌습니다. 오히려 고객이 가질 수 있는 작은 근심에도 귀를 기울이고 불안감을 말끔히 해소할 수 있도록 꼼꼼하게 준비하고 계획하는 평생 신뢰할 수 있는 보험 플래너가 되었습니다.

마음이 변하는 모든 현상은 최면입니다. 하지만 마음을 추상적으로 접근하면 바꿀 수 없습니다. 관념은 관념으로 설득할 수 없기 때문입니다. 어니스트 로시는 이렇게 말했습니다. "상담자가 의식적으로 무의식에게 지시할 수 있는 방법은 없다.

하지만 상담자가 트랜스 상태에서 내담자들의 기존 패턴을 깨고 새로운 감정, 기억, 반응을 유발할 수 있는 작은 실험을 하면, 다양한 수준에서 무의식적인 자각이 발생하고, 내담자의 비판적이고 논쟁적인 의식도 자연스럽게 이러한 자각을 받아들이게 된다." 그러니 추상적인 관념이 아니라 구체적인 사례에서 드러나는 무의식적인 반응, 감각적이고 감정적인 수준에서 확인되는 반응을 찾아야 합니다. 그 결과 사실이 드러나고 드러난 사실에 대해서 상대방도 새로운 의미와 맥락을 세울 수 있습니다.

자신감 하락, 우울증, 무기력, 이렇게 관념적인 감정은 추상적이고 모호해서 다룰 수가 없습니다. 이 감정은 여러 가지 실제 상황과 상황에 대한 무의식적인 반응의 중첩으로 이루어져 있습니다. 이를 바꾸려면 다시 구체적인 무의식적 반응 양식을 발견해야 합니다. 이 무의식적 반응은 하나가 아닐 수 있습니다. 앞에서 설명한 것처럼 가치는 맥락의 반복으로 만들어집니다. 그래서 하나를 드러내도 당장의 감정 상태가 바뀌지 않을 수 있습니다. 단번에 문제가 해결되지 않을 수 있는 것입니다. 그러면 계속 묻고 확인하면서 마치 고구마를 캐듯 하나씩 하나씩 연결된 무의식적 반응 양식을 드러내야 합니다. 맥락과 가치가 만들어진 방식과 마찬가지로 이번에는 반대로 하나씩 차례로 무너뜨려서 자신감의 하락이나 무기력을 지지하고 있는 의미의 다발을 내려놓게 만드는 것입니다. 반복의 결과로 부분의 합이 그 이상의 힘을 갖는 것처럼 부분의 반복적 무력화로 전체는 힘을 잃게 됩니다. 자동차에서 핸들을 빼고 브레이크를 뺐다고 생각해보세요. 그러면 자동차가 그 기능을 제대로 할 수 있을까요? 마찬가지입니다. 우울증이나 무기력증을 치료하는 것이 아닙니다. 그 감정을 만든 구체적인 사실을 드러내고 행동, 감각, 감정, 생각의 수준에서 변화를 일으켜야 합니다.

에릭슨이 한 여자아이를 만났을 때의 일입니다. 이 아이는 새로운 가정에 입양되었는데 모든 일에 수동적이었으며 권위 있는 사람 앞에서 위축되었고 다른 식구들과 잘 어울리지 못했습니다. 아이는 끊임없이 안전을 추구했는데 직접적인 지지로는 아이의 불안감이 사라지지 않았습니다. 아이와 충분히 대화를 하고 난 에릭슨은 아이의 엄마에게 한 가지 조언을 하였습니다. 일상생활의 패턴을 새롭게 하라는 지시였습니다. 예를 들면 모든 가족이 위와 아래를 바꿔서 잠자리를 가졌습니다. 평상시에 발을 두는 쪽으로 머리를 향하고 발을 베게에 올려놓고 잤습니다. 또 이웃아이들을 초대하여 빨래 더미 속에서 수영을 시키고 식사를 반대 순서로 먹도록 했습니다. 보통은 식사를 하고 디저트를 먹는데, 디저트를 먼저 먹고 식사를 하는 식으로 말입니다. 이렇게 일상이 반대로 돌아가자 모든 가족이 혼란스러워졌습니다. 하지만 모든 가족이 재미를 느끼고 참여했으며 아이는 점차 위축감에서 벗어나 가족의 일원이 될 수 있었습니다.

에릭슨은 아이의 불안감을 치유한 것이 아닙니다. 그는 입양된 아이가 새로운 가정에서 무엇을 경험하는지를 함께 느꼈습니다. 모든 것이 익숙하고 안정적인 가족 안에서 홀로 낯선이가 된 아이의 두려움을 이해한 것입니다. 그리고 엄마에게 익숙함을 헝클어놓도록 조언했습니다. 가족이 모두 함께 낯선 환경에 익숙해지는 과정을 반복하자 아이의 내면에 가족 안에서의 안정감이라는 새로운 맥락이 세워지게 되었습니다. 겉으로 보이는 결과만 놓고 보면 에릭슨의 사례는 참으로 마술과 같습니다. 그리고 누구에게나 동일한 방법을 적용해서 결과를 낼 수 없다는 점에서 어렵게 느껴질 수도 있습니다. 하지만 에릭슨은 말합니다. 내담자를 주의 깊게 관찰하고 그의 고유한 체험을 따라가면서 내담자가 스스로 가진 자원을 활용하도록 신중하게 반응하는 것이 자신이 할 수 있는 모든 것이라고.

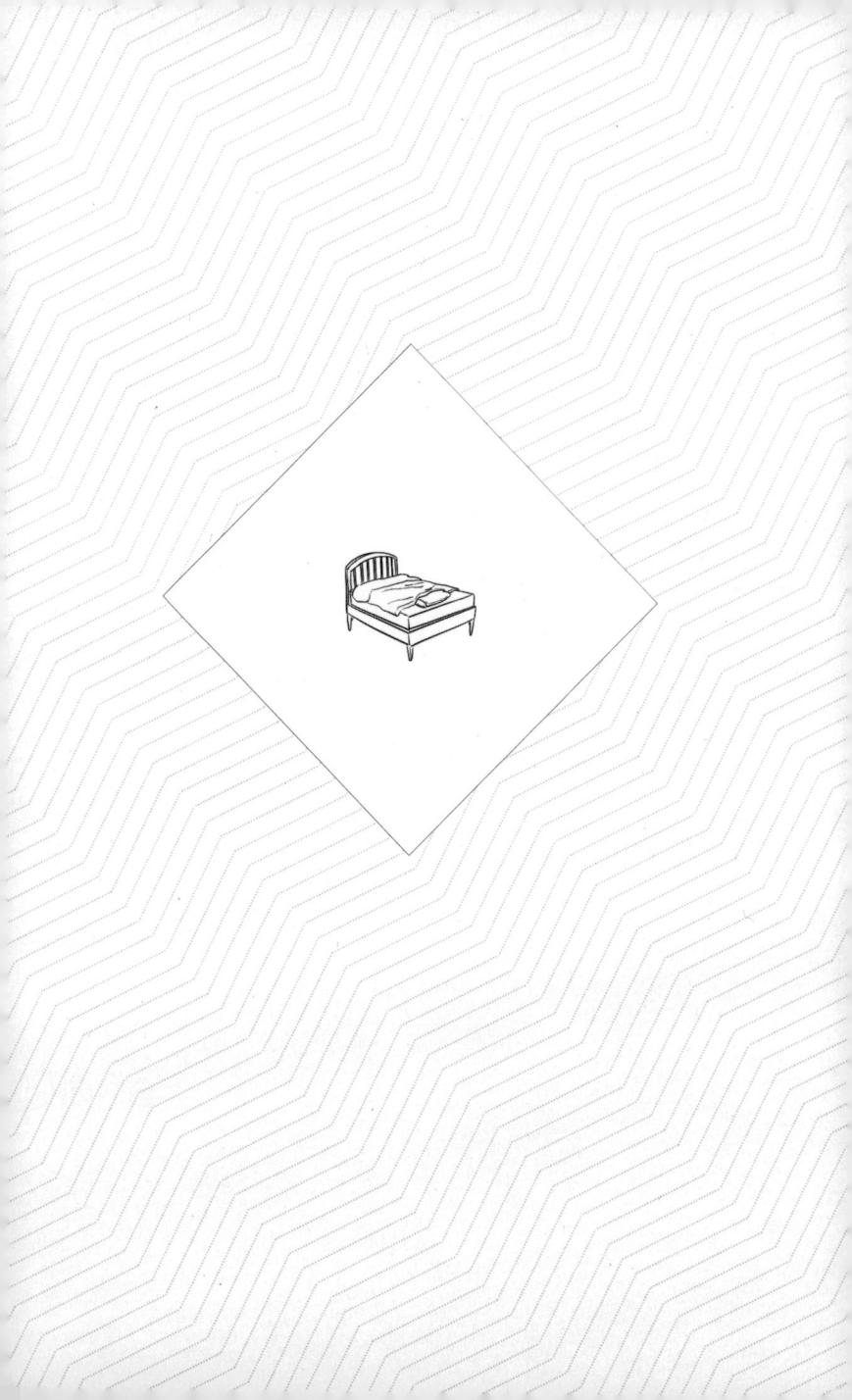

08

자기 최면을 극대화하는 방법

육식 동물의 뼈를
목이나 팔뚝에 두르는 행위를 통해서
미지의 삶에 자신을 던질 힘을 부여하는 것입니다.
눈보라가 치는 험난한 겨울에도
사냥을 하러 밖으로 나갈 수 있는 그 힘이
정성을 다한 의식에 담겨 있었던 것입니다.

자기 충족적 예언이란?

휠체어에 앉은 한 남자가 에릭슨에게 왔습니다. 그는 화가 나 있었고 지난 11년간을 고통스런 관절염으로 마비된 채 보냈다는 사실을 저주하고 있었습니다. 그는 오로지 머리만을 자유롭게 움직일 수 있었고 한쪽 엄지손가락을 약간 움직일 수 있었습니다. 아내에게 전적으로 의지할 수밖에 없었던 그는 아내가 옷을 입히고, 매일 아침 휠체어에 태우고, 밥을 먹이고, 밤이면 침대에 눕혀주는 내내 계속해서 그의 불행한 삶을 저주했습니다.

에릭슨의 지시사항은 단순 명료했습니다. 에릭슨은 남자가 움직이지 않는 점을 나무라면서 움직일 수 있는 엄지손가락을 훈련하면 효과가 있을 것이라고 말했습니다. 그 남자는 에릭슨의 의학적 조언에 대해 반항하면서 "빌어먹을 엄지손가락을 매일 밤낮, 매주, 매달 꿈틀거릴 수 있지만, 효과가 쥐똥만큼도 없을 것" 이라는 점을 에릭슨에게 증명하고 싶어 했습니다.

그렇게 엄지손가락 운동을 계속하던 어느 날, 그는 집게손가락이 움직이는 것을 갑자기 알아차렸습니다. 엄지손가락의 움직임에 영향을 받을 가능성이 가장 컸던 손가락이 함께 움직이기 시작한 것입니다. 운동을 계속하면서 그는 더 많은 손가락들을 움직일 수 있게 되었고 마침내는 팔을 움직일 수 있게 되었습니다. 이윽고, 첫 진료가 시작된 지 일 년 후에, 에릭슨은 그에게 작은 통나무집에 페인트칠을 해 보라고 권했습니다. 그 남자는 이번에도 욕을 하면서 에릭슨이 상식이 있는 사람이라면 자기처럼 조금밖에 움직일 수 없는 사람에게 통나무집의 페인트칠을 시키지는 않을 것이라고 하였습니다. 그렇게 불평하며 그는 삼 주에 걸쳐 통나무집의 페인트칠을 끝냈습니다. 이후 그는 트럭 운전수 일자리를 구하고 공제 조합의 장으로 선출되었으며 대학 교육이 필요하다고 느껴 대학에도 진학하였습니다.

지금까지의 에릭슨 사례는 과거의 새로운 사실을 발견하고 의미를 연결하여 맥락을 형성하는 방법이었습니다. 이번 장에서는 아직 일어나지 않은 제안이 사실이 될 때 의미가 연결되고 맥락이 세워지는 원리에 대하여 알려드리겠습니다.

자신의 삶을 저주하며 아내에게 의지하던 남자에게 에릭슨은 아주 단순한 한 가지 행동을 제안했습니다. 현재 움직일 수 있는 엄지손가락을 의식적으로 반복해서 훈련하라는 것이었습니다. 그리고 훈련을 제대로 따른다면 효과가 있을 것이라는 의미를 덧붙였습니다. 그렇게 남자가 엄지손가락의 반복적인 훈련으로 에릭슨의 제안을 사실로 만들었을 때 놀라운 일이 일어났습니다. 그동안 움직이지 않았던 집게손가락이 조금씩 움직이기 시작한 것입니다. 아직 일어나지 않은 제안이 사실이 되자, 연결된 의미가 받아들여진 것입니다. 그렇게 조그만 제안이 사실이 되고 의미가 연결되어 맥락이 만들어진 결과 남자는 팔을 움직이고, 홀로 통나무집을 페인트칠하고, 마침내 직업을 갖고 대학에 진학할 수 있게 되었습니다.

이처럼 사실과 의미의 연결이 맥락을 세우고 가치를 형성하는 과정은 과거에서 현재로만 진행되는 것이 아니라 현재에서 미래로도 진행됩니다. 미래로 진행되는 가치 형성을 일반적인 표현으로 말하면 '자기 충족적 예언 self fulfilling prophecy'이라고 합니다.

예를 들어 "하루도 빠짐없이 새벽기도를 나가면 바라는 일이 이루어진다." 이 문장에서 '하루도 빠짐없이 새벽기도를 나가는'이라는 제안이 사실로써 충족되면, 그러니까 실제로 내가 하루도 빠짐없이 백일 동안 새벽기도를 나가면 그에 대응되는 의미가 연결됩니다. 이 연결이 확고하게 이루어지면 사실도 왜곡되는 상황이 일어납니다. 예를 들어 백 일 동안 매일 새벽기도를 나가서 실제로 바라는 일이 이루어졌습니다. 그러면 이 연결이 굉장히 강화됩니다. "아, 역시 내가 정성스럽게 새벽마다 기도를 한 것이 효과가 있었구나! 그래서 바라는 일이 이루어졌구나!" 하고 생각하게 됩니다. 또는 백 일 동안 매일은 못 나갔어도 꽤 많이 나가서 기도를 했더니 바라는 일이 이루어졌다면 "역시 정성을 다해서 기도를 했더니 소원이 이루어졌구나!" 이렇게 의미가 연결이 됩니다. 그런데 백 일 동안 하루도 빠짐없이 새벽기도를 나갔음에도 바라는 일이 이뤄지지 않을 수도 있습니다. 수험생을 둔 어머니가 정성껏 기도했는데, 아들이 바라던 대학에 들어가지 못했을 수도 있겠지요. 그러면 "백 일로는 정성이 부족했구나, 아들이 재수를 한다면 1년 더 정성스럽게 기도하면 이뤄지겠지."라고 생각합니다. 때로는 못 가는 날들이 생겨서 백 일을 완벽하게 채우지 못하는 경우도 있습니다. 그리고 마침 바라던 일도 이뤄지지 않는 경우에는 "내 정성이 부족해서 그렇구나! 조금만 더 노력할 걸. 백 일 동안 한 번도 빠지지 않았어야 했는데, 정성이 부족해서 바라던 일이 일어나지 않았구나." 이렇게 생각합니다.

결국 어떤 형태로든 의미의 연결은 끊어지지 않는 것입니다.

오해하지 말아야 할 점은 이런 종교적인 행위가 어리석거나 잘못되었다고 비판하는 것이 아니라는 사실입니다. 혹시나 이 글을 읽는 분들이 다른 의미를 붙이실까봐 말씀드립니다. 백 일간 하루도 빠짐없이 새벽기도를 한다는 것은 마음의 소망이 얼마나 큰지 알 수 있는 부분입니다. 이 마음의 소망이 인간의 생존에 대단히 강력한 추동력이 되어왔습니다. 원시시대 인류를 한번 떠올려보세요. 농경사회 이전에 인류는 수렵을 통해서 식량을 얻고 생존해왔습니다. 어떨 때는 겨울이 와서 극심한 추위 때문에 사냥도 어렵고 과일이나 풀도 거의 없고 식량을 구하는 데 실패하는 경우가 많았을 겁니다. 그래서 한 번 사냥을 나갈 때마다 사냥을 나가는 자기 자신의 목숨은 물론이요 동굴에서 기다리고 있을 배우자와 아이들의 목숨까지 다 짊어지고 나가야만 했을 것입니다. 그런데 밖에 눈보라가 몰아치는 상황에서 동굴 안에 사는 원시 인류의 입장에서는 언제 사냥을 나가는 것이 좋을지 전혀 알 수가 없습니다. 굉장한 미지의 세계인 것입니다. 그럴 때 미지를 향한 두려움과 식량을 구하고 싶다는 간절한 소망이 특정 행위에 담기게 됩니다. 예를 들면 부족의 족장이나 신관이 신의 뜻을 듣습니다. 정성을 다해서 언제 나가는 것이 좋을지 답을 구하는 것입니다. 그 응답으로 나가는 사람의 얼굴에 동물의 피를 뒤집어쓰게 한다거나 육식 동물의 뼈를 목이나 팔뚝에 두르는 행위를 통해서 미지의 삶에 자신을 던질 힘을 부여하는 것입니다. 눈보라가 치는 험난한 겨울에도 사냥을 하러 밖으로 나갈 수 있는 그 힘이 정성을 다한 의식에 담겨 있었던 것입니다.

자기 최면의 핵심 원리

어떤 의식이나 주술, 종교, 이데올로기도 우리가 현실을 살게 하는 힘이 된다면 거기에는 아무런 문제가 없습니다. 오히려 자신이 안주하고 있는 고정된 패턴을 깨고 나올 수 있는 힘을 준다면 종교나 주술적인 의식, 이데올로기가 더할 나위 없이 바르게 사용되고 있는 것입니다. 다시 말해서 자신이 가지고 있는 불안감, 두려움을 아이에게 투사해서 아이를 닦달하고 감시하던 부모가 백일 동안의 새벽 기도를 통해서 아이에 대한 투사를 멈출 수 있다면 그 의식에 충분한 의미가 있습니다. 그리고 아이가 무엇을 바라는지 관심을 갖고 물어볼 수 있고, 더 나아가서 먼저 세상을 경험한 사람으로서 부모가 교육과 배움의 중요성을 전달할 수 있다면 그 이상 의미 있는 일이 없을 것입니다. 그래서 저는 어떤 특정 종교를 지지하거나 비방하지 않습니다. 오로지 종교를 통해서 우리가 다른 사람에게 다가가고 현재의 삶을 누릴 수 있느냐, 그렇지 않느냐만이 중요하다고 여기고 있습니다.

이렇게 일어나지 않은 제안이 사실로 충족되고 의미가 연결되는 현상은 개인에게는 자기 충족적 예언, 또는 일종의 주술로써 기능하고, 같은 경험을 공유하는 사람이 많아지면 사회적 가치가 되어 이데올로기를 추종하게 합니다.

지인 중에 개인사업체를 운영하는 분이 있습니다. 꽤 규모가 있는 사업체인데요, 이 분이 중요한 미팅을 앞두고 꼭 입는 정장이 있습니다. 계약을 하러 가기 전날 밤에 이 정장을 미리 세탁소에 맡겨서 클리닝을 하고, 꼭 같이 하는 넥타이가 있는데, 이 넥타이까지 함께 매고 계약을 하러 가면 거의 항상 좋은 결과가 있었다고 합니다. 100% 계약에 성공한 건 아니지만 계약을 못하더라도 계약 자리에 있었던 상대방과 좋은 관계를 유지하면서 그분이 다른 업체를 소개시켜준다거나 더 큰 계약 건을 연결해준다든가 하는 결과를 낳아서 계약을 그 당시에 하지 못했어도 오히려 더 좋은 결과가 나왔다는 겁니다.

깨끗하게 세탁된 정장과 넥타이를 하고 계약을 한다는 제안이 사실로 충족되면 좋은 결과가 생긴다는 의미가 연결되는 것입니다. 저는 이분을 보면서 고대 전사들이 떠올랐습니다. 전쟁을 나가기 전에 깨끗이 씻고 무기를 닦고 전투가 시작되기 전에 자신의 마음을 특정한 의식에 담아서 고양시킵니다. 전쟁 영화의 주인공이 얼굴에 위장 크림을 바르는 장면도 마찬가지입니다. 위장 크림의 기능적 용도로만 따지면 사실 정성스럽게 모양을 만들 필요가 없습니다. 적당히 찍어서 피부가 노출되지 않도록 얼굴에 덕지덕지 바르기만 하면 됩니다. 하지만 위장 크림은 보통 이마에서부터 눈을 가로질러 턱까지 정성을 다해서 바릅니다. 위장이라는 행위를 하는 것으로 전투에 참여한다는 의미를 체험하고 우리의 몸이 전쟁과 전투라는 상황에

걸맞은 상태를 준비하도록 하는 것입니다. 그렇게 충분한 의미를 세우고 실전에 부딪치면 그것이 전쟁이든 계약이든 덜 당황하고 유연하게 대응할 수 있게 됩니다.

영화 〈아저씨〉는 주인공인 배우 원빈이 여자아이를 구하기 위해 고군분투하는 내용입니다. 그 과정에서 한차례 큰 실패를 겪고 다시 한 번 아이를 구하러 가기 위해 준비를 하면서 머리를 깎습니다. 원래는 눈을 가리는 장발인데, 트리머를 이용하여 스스로 머리를 아주 짧게 자르는 장면이 있습니다. 그 장면이 명장면으로 두고두고 회자되었습니다. 물론 원빈이 잘생겨서 명장면인 것도 있지만, 그 과정이 마음을 변화시키는 과정이라는 것을 사람들도 아는 것입니다. 현재는 전당포 주인인데 머리를 자르는 의식을 통해서 특수요원이었던 시절의 몸과 마음으로 바뀌는 과정인 것입니다. 앞에서도 언급했듯이 마음이 변하는 모든 현상은 최면입니다. '머리를 자르는(사실) 의식을 통해서 특수요원인 자아가 출현한다.(의미)' 이게 바로 최면입니다.

많은 운동선수들이 이런 최면 현상에 집착합니다. 중요한 경기를 앞두고는 머리를 자르지 않는다거나 목욕을 하지 않는다거나 이성의 속옷을 입는다거나 하는 행위에 몰두합니다. 이런 의식은 모두 특정 제안의 충족으로 의미를 체험하고자 하는 행위입니다. 운동선수들뿐 아니라 많은 소설가들이 항상 일정한 시간에 같은 장소에서 글을 쓴다고 합니다. 특정한 환경의 설정, 특정 의식의 반복이 몸과 마음을 자기가 체험하고자 하는 최적의 상태로 만들어주는 것입니다. 심지어 논리적이고 합리적인 사고의 대명사라고 할 수 있는 과학자들 조차 일정한 시간에 항상 산책을 하거나 차를 마시거나 하는 의식을 반복함으로써 특정한 제안을 사실로 만듭니다. 일정한 시간에 산책을 하고, 연구를 시작하기 전에 차를 마시면, 좋은 결과가 나온다는 의미의 체험을 삶에서 활용하고 있는 것입니다.

앞에서 기도를 하고 그 기도를 통해서 바라는 것을 얻는 종교적인 의식을 예로 들었습니다. 그런데 종교를 정면으로 부정하는 과학자 리처드 도킨스 Richard Dawkins 조차도 의미로부터 벗어날 수 없었습니다. 리처드 도킨스의 자서전에 보면 그가 다윈Charles Darwin을 너무 좋아해서 다윈의 『종의 기원』을 반복해서 낭독하고 이것을 녹음까지 했다고 합니다. 그리고 리처드 도킨스가 나온 다큐멘터리에서는 『종의 기원』 초판본을 들고 나와서 이 책이 출간됨으로 인해서 사람들이 더 이상 초자연적인 현상을 믿을 필요가 없어졌다고 말합니다. 재밌는 것은 리처드 도킨스가 무신론자들을 정면으로 비판하고 전투적 무신론을 주장하는 그 힘은 바로 '의미'에서 나왔다는 사실입니다. 종교인이 기도를 하듯이 도킨스 또한 『종의 기원』을 반복해서 낭독한 것입니다. 사실 내용만 보면 『종의 기원』의 초판본이든 아이패드에 담긴 PDF 파일이든 다를 게 없습니다. 하지만 리처드 도킨스조차 초판본을 구할 정도로 『종의 기원』에 대해서 특별한 의미를 부여하고 있음을 알 수 있습니다. 종교적인 것과 초자연적인 현상에 대해서 정면으로 반박하는 사람이지만 정작 자신도 스스로 부여한 의미로부터 벗어날 수는 없었습니다. 왜냐하면 인간이라서 그렇습니다. 인간이라는 존재로서 세상을 경험하는 이상은 사실과 의미의 연결로부터 자유로울 수가 없습니다.

에릭슨의 딸에게 한 여성이 찾아왔습니다. 그녀는 1950년대에 에릭슨에게 상담을 받았던 여성이었습니다. 그 당시 여성은 동양의 종이 공예를 배우고 있었는데 상담의 마지막 회기에 에릭슨에게 자신이 만든 작고 예쁜 종이 상자를 선물했다고 합니다. 에릭슨은 놀라며 상자를 주의 깊게 살펴보고 그녀에게 되돌려주면서 이 상자를 지니고 있으면 판도라의 상자처럼 온갖 액운이 밀폐된 상자 안에 안전하게 갇혀 있게 될 것이라고 말했습니다. 그 이후로 그녀는 일상생활에서 감정의 통제가 필요할 때마다 상자를 떠올리며 자기 결정을 지속할 수 있었습니다. 그녀는 에릭슨의 딸에게 상자를 보여주며 수많은 삶의 전환점에서도 40년간 상자를 지니고 다니면서 자신의 삶을 강화할 수 있었다고 말했습니다. 그녀가 에릭슨의 딸을 찾아온 이유는 아직도 그 상자가 자신의 역할을 다하고 있음을 보여주고 싶어서라고 말했습니다.

위의 사례에서 에릭슨이 특별한 의미를 연결하기 전까지 종이 상자는 물건을 담는 도구에 불과했습니다. 하지만 에릭슨의 제안으로 작고 예쁜 종이 상자는 감정을 통제할 수 있는 특별한 도구가 되었습니다. 감정의 통제가 필요한 순간에 그녀는 상자를 지님으로써 제안된 사실을 충족하였고 온갖 액운이 상자에 갇혀버리는 의미를 경험하였습니다. 그 결과 그녀는 수많은 삶의 전환점에서 주체적인 선택을 해 나갈 수 있었던 것입니다.

지금까지 설명한 것이 자기 최면의 핵심 원리입니다. 자기 스스로 특정 제안을 사실로 충족하고 의미를 연결하는 것입니다. 특정 제안을 작은 부분으로 세밀하게 나누고 이를 연쇄적으로 이어지도록 만들어 하나의 의식이 되도록 하면 자기 최면의 효과는 극대화됩니다. 주위에서 자기 최면에 대해 관심을 갖고 질문하는 사람이 많습니다. 그중에는 자기최면 DVD가 효과가 있느냐고 묻는 분도 있었습니다. 결론부터 말씀드리면 네, 효과가 있습니다. DVD의 내용, 즉 콘텐츠가 자기 최면으로써 효과가 있는 것이 아니라 자기 최면 DVD를 구입해서 그것을 1년 동안 밤 10시에 하루도 빠짐없이 들었다면, 이 사람은 성공할 가능성이 굉장히 높아집니다. 왜냐하면 1년 동안 단 하루도 빠짐없이 밤 10시에 자기 최면 DVD를 듣는다는 제안을 사실로써 충족시켰기 때문입니다. 그 결과로 성공이라는 의미를 체험할 가능성이 매우 높아집니다. 스스로 그 의미를 체험하기 위한 맥락 아래에 있으니까요. DVD의 내용이 자기 최면 효과를 일으키는 것이 아니라 자기 최면 DVD를 듣는다는 행위 자체가 하나의 의식으로 작용하여 최면 효과를 일으켜서 성공할 수 있게 만드는 것입니다. 당사자는 정작 DVD의 내용이 좋아서 성공한 것으로 착각할 수도 있습니다. 반대로 이런 반복적인 행위를 할 각오 없이 수동적으로 쉽게 성공하고 싶다는 마음을 품고 시작한 사람은 DVD를 몇 번 들어보고 자기 최면은 효과가 없다고 여길 수도 있습니다. 그래서 저는 오직 사실과 의미를 다루는 능력과 의식을 통해서만 자기 최면이 가능하다고 봅니다.

09

최면 유도의 실체

최면은 끊임없는 사실의 제안과
체험의 확인을 반복하는 과정입니다.
정확한 작동 원리를 모르는 채로는
아무리 뛰어난 최면가의 유도법을 배워서
그대로 읽어도 같은 효과를 얻을 수 없습니다.
겉으로 보이는 모습을 흉내 내는 것이 아니라
관계성에서 벌어지는 마음의 역동을 정확하게 확인하고
적절한 제안과 체험을 안내할 수 있을 때
최면과 NLP를 제대로 배웠다고 할 수 있습니다.

데이브 엘먼에 대한 오해

  20세기 현대 최면을 이야기할 때 밀턴 에릭슨과 함께 빠지지 않고 손꼽히는 인물로 데이브 엘먼이 있습니다. 정신과 의사이자 심리학자로 수많은 논문을 발표하며 최면을 과학의 영역으로 끌어올렸던 에릭슨과 달리 데이브 엘먼은 심리학자나 의사가 아니었습니다. 하지만 뛰어난 최면 실력으로 당시의 많은 의사들로부터 최면을 가르쳐달라는 요청을 받았고 오직 의사들에게만 최면을 가르치며 현대적인 최면을 정립했습니다.

밀턴 에릭슨과 데이브 엘먼 이전까지는 무의식을 일방적인 지시의 대상으로 보고 내담자를 트랜스 상태로 유도한 이후 증상에 맞추어진 스크립트를 읽어주는 방식이 대부분이었습니다. 최면 암시라는 표현도 이런 형태의 최면의 모습에 어울리는 번역입니다. 마치 잠든 것처럼 보이는 내담자에게 스크립트를 낭독하는 방식이기 때문입니다. 하지만 현대 최면에 이르러 최면가는 내담자와 서로 상호작용하면서 협력적으로 세션을 진행하게 되었습니다. 밀턴 에릭슨과 데이브 엘먼은 무의식이 가진 풍부한 자원과 강력한 힘을 이해하고 이를 충분히 펼쳐낼 수 있도록 최면 제안을 사용했다는 점에서 혁명적인 관점의 전환을 이룩한 거장들입니다.

의사로서 최면의 사용을 제한 당했던 밀턴 에릭슨과 달리 의사 면허로부터 자유로웠던 데이브 엘먼은 노출 최면과 직접 제안을 사용해서 최면 세션을 진행했습니다. 내담자와 서로 최면에 들어가는 것을 목표로 합의가 되어 있는 상태에서 직접적인 제안을 하는 방식입니다. 데이브 엘먼은 본래 무대 최면가였는데, 쇼를 보는 관객들이 지루해하지 않도록 빠르게 최면을 유도할 필요가 있었습니다. 그래서 당대의 최면 기법을 반복적으로 실험하면서 불필요한 의식은 모두 제외하고 가장 단순하고 빠르게 최면을 유도하는 방법을 만들었습니다. 이를 보통 엘먼 유도법Elman Induction이라 부릅니다. 데이브 엘먼의 빠른 최면 유도는 당시 최면 마취를 필요로 하는 의사들에게 필요한 방법이었으며 이를 필요로 하는 의료인을 대상으로 많은 강의를 하면서 데이브 엘먼은 최면의 대가로 이름을 알렸습니다.

흥미로운 점은 데이브 엘먼의 강의나 최면 서적을 보면 최면의 원리를 바르게 이해하고 이를 이용하면 어떤 형식으로든 최면 유도가 가능하다고 말합니다. 데이브 엘먼은 담배 연기를 세 번 내뿜거나, 물을 마시게 하거나, 머리를 두드리는 방법으로도 얼마든지 최면 유도가 가능하다는 것을 보여주었습니다. 앞서 설명한 것처럼 최면의 정의로 구성된 두 파트가 모두 만족하면 최면이 가능하다는 것을 데이브 엘먼도 동일하게 언급합니다. 하지만 안타깝게도 현재 최면을 가르치는 많은 강사들이 엘먼 유도법을 가르치면서 고정된 프로토콜을 알려줍니다. 그리고 그렇게 정해진 절차와 순서를 그대로 따라하도록 훈련시킵니다. 눈을 감기고, 눈꺼풀을 붙이고, 눈을 몇 차례 떴다 감기고, 팔을 떨어뜨리고, 숫자를 망각하도록 하는 절차를 그대로 수행하는 방식입니다. 데이브 엘먼은 최면의 원리를 밝히고 틀에 얽매이지 않고 사용하도록 가르쳤지만 아이러니하게도 자신의 이름이 붙은 최면 유도법은 순서와 절차를 중요하게 여기는 방법으로 흔하게 사용되고 있습니다.

아마도 이런 절차와 순서가 정해져 있는 것이 구체적인 행동 요령을 알기 쉽고 강사 입장에서도 가르치기가 쉽기 때문인 듯합니다. 하지만 고정된 형태에 얽매임으로써 내담자의 상태와 상관없이 똑같은 유도법으로 진행되기 때문에 그 결과가 일정하지 않고, 최면 유도가 잘 안 되는 경우 내담자의 최면 감수성* 부족으로 진단하거나, 수강생의 훈련 부족으로 책임을 돌리기 쉽다는 단점이 있습니다. 이런 면에서는 데이브 엘먼이 전하고 싶었던 최면의 핵심 원리가 많이 상실된 것 같아 아쉽

---

* 개인이 최면 제안에 민감하게 반응하는 정도

습니다.

  이번 장에서 엘먼 유도법을 다루는 것은 이를 배우기 위함이 아닙니다. 노출 최면에서 이루어지는 데이브 엘먼의 최면 유도법을 하나하나 살펴보면서 그 실체를 낱낱이 파헤치기 위해서입니다. 그리고 엘먼 유도법이 고정된 스크립트가 아니며 사실과 의미를 다루는 에릭소니언 최면의 핵심 원리가 그대로 녹아 있음을 확인하기 위함입니다. 에릭소니언 최면의 핵심 원리는 마음이 변화하는 모든 현상과 맞닿아 있습니다. 그러므로 일상생활의 자연스러운 언어 사용에서 활용되는 것은 물론이며, 상담실에서 이루어지는 최면 세션이나 무대 최면에도 동일한 원리가 작동되고 있습니다. 이를 이해할 때 순서와 형식으로부터 벗어나 자유롭게 타인에게 사실을 제안하고 의미를 체험시킬 수 있는 에릭소니언 최면가가 될 수 있습니다.

엘먼 유도법 분석

지난 장에서 아직 일어나지 않은 제안을 사실로 만들고 의미를 연결하는 것이 어떻게 자기 충족적 예언으로 활용되는지 살펴보았습니다. 엘먼 유도법의 기본 구성도 같은 원리로 이루어져 있습니다. 자기 자신을 향하던 제안과 체험의 방향성을 타인으로 향하게 한다는 차이점이 있을 뿐입니다. 여기서는 엘먼 유도법의 스크립트를 다섯 단계로 살펴보고 에릭소니언 최면의 관점에서 해설함으로써 타인에게 최면을 유도할 때 사실과 의미가 어떻게 연결되는지 알아보도록 하겠습니다.

1단계 깊은 호흡과 눈 감기기

자, 숨을 깊이 들이쉬고… 잠시 멈추세요.
이제 숨을 길게 내쉬면서 눈을 감습니다. 네, 좋습니다.
이렇게 숨을 들이쉬고 내쉬면서 점점 편안하게 이완됩니다.

최면가는 숨을 깊이 들이쉰다는 사실을 제안합니다. 내담자는 이를 듣고 숨을 들이마심으로써 사실이 충족이 되었습니다. 그리고 숨을 내쉬면서 눈을 감는다는 제안이 이루어지고 내담자가 그대로 행동함으로써 다시 사실이 충족되었습니다. 그리고 바로 사실에 의미를 연결합니다. 숨을 들이쉬고 내쉬면서 점점 편안해진다는 의미가 연결되었습니다. 이 말을 듣고 실제로 편안하게 이완된다면 이미 최면이 시작된 것입니다. 현재 의식은 비판력을 놓고 안심하면서 최면가가 연결한 편안함이라는 의미를 체험하고 있기 때문입니다. 사실과 의미가 연결되었습니다.

점점 편안함을 느낀다고 말할 때 최면가는 이를 함께 느끼고 있어야 합니다. 최면가가 전달하고자 하는 체험을 상대방에게 제안할 때는 동일한 체험을 하고 있는 것입니다. 그럴 때 상대방도 기꺼이 최면가의 제안을 안심하고 응하게 됩니다. 사람들이 최면에 실패하는 이유 중 하나가 여기에 있습니다. 바로 최면가 스스로 체험이 되지 않아서입니다. "최면에 걸리지 않으면 어떡하지?", "최면 감수성이라는 게 있다고 하는데, 이 내담자가 최면 감수성이 낮으면 어떡하지?" 이런 불안감을 최면가가 경험하고 있다면 편안함을 전달하기 어렵습니다. 내담자의 첫인상을 보고 판단과 평가가 앞서서 "이 사람은 영 안 걸릴 것 같은데…" 이런 마음이 있다면, "숨을 들이쉬고 내쉬면 점점 편안해집니다."라고 말은 하는데, 말을 하는 사람이 전혀 편안하지가 않은 상태에 있는 것입니다. 최면가가 초조하고 두렵고 의심이 가득하다면 이 마음을 상대방의 무의식이 감지합니다. 최면가가 말하는 언어와 전혀 다른 심층 메시지가 전달되는 것입니다. 그 결과 최면가의 마음에 있는 초조함과 두려움, 의심이 현실로 일어납니다. 내담자가 편안해지지 않는 것입니다. 그러면 "아, 이 사람은 안 걸리겠다 싶었는데, 역시 안 되는구먼! 당신은 최면 감수성이 낮아서 그렇습니다." 이렇게 이야기합니다. 최면가가 먼저 체험으로 알아야 다른 사람도 체험하게 할 수 있습니다.

이는 최면 유도뿐 아니라 일상생활에서도 동일하게 일어나는 현상입니다. 최면 유도가 특별한 기술이 아니라 일상적인 제안과 다르지 않기에 당연한 사실이지요. 몸의 감각에 대한 예민함이 떨어지는 사람은 자신이 전달하고자 하는 의도를 체험하지 못하고 지적인 생각으로만 전달하려고 합니다. 이런 사람은 다른 사람의 마음에 공감을 잘 못하며 판단과 평가가 우선시하고 다른 사람에게도 자신이 전달하고자 하는 경험을 제대로 전달하지 못합니다. 표층 메시지의 전달에는 한계가 있습니다. 제한된 언어와 논리만으로는 내가 전하고자 하는 체험을 전달하기가 어렵습니다. 그 결과 생각이 많은 사람은 점점 사회적으로 고립되고 스스로는 자기를 잘 안다고 여기기에 자기는 똑똑한데 사람들이 몰라준다고 생각하면서 다른 사람을 무시합니다. "아이고, 쟤는 내가 하는 말을 이해를 못해!"라고 생각합니다. 몸의 감각을 잃어버린 채 머리로만 이해하고 정보의 전달에 그친다면 다른 사람의 마음을 공감할 수 없음은 물론, 나의 제안이 다른 사람에게 영향력을 미칠 수 없다는 것을 기억하시기 바랍니다.

2단계 눈꺼풀 붙이기

자, 이제 눈 주변의 근육에 의식을 두고 눈꺼풀이 더 이상 움직이지 않을 때까지 눈 근육을 이완합니다. 눈 주위의 근육이 완전히 이완되어 눈꺼풀이 전혀 움직이지 않는다고 느껴지면 한번 테스트 해보세요. 눈 주위의 근육이 완전히 이완됩니다. (최면가는 내담자가 눈을 뜨지 못함을 확인한다.) 자, 이제 그 이완감을 발가락 끝까지 온몸으로 퍼뜨립니다.

최면가는 눈 주변의 근육에 힘을 완전히 뺄 것을 제안합니다. 그리고 그 사실이 충족되면 내담자는 눈이 떠지지 않는 것을 체험합니다. 그리고 최면가는 내담자가 자신의 제안을 체험하고 있는지 확인한 후에 (눈을 뜨지 못함을 보고) 이어서 이완감을 온몸으로 퍼뜨리도록 제안합니다. 따로 명시되지 않았지만 최면가는 여기서 내담자의 신체가 편안하게 이완되는 것을 다시 확인합니다. 제안에 대한 체험이 일어나는지, 사실과 의미가 연결되었음을 체크하는 것입니다. 이 과정에서 내담자가 체험이 일어나지 않는 경우에는 그 의미를 제대로 전달하기 위한 다른 방법을 진행합니다. 인지하기 쉬운 큰 근육을 활용하는 식으로, 의미를 이해하기 쉬운 제안으로 변경합니다. 이 역시도 제안된 사실의 충족과 의미의 연결로 되어 있습니다. 텍스트로 그 과정을 전달하는 것에 한계가 있으므로 이 과정은 생략합니다.

3단계 프랙셔네이션 fractionation

지금과 같이 온몸이 이완되는 느낌이 더 깊어지도록 할 것입니다. 잠시 후에, 제가 눈을 떴다가 감으라고 하면 당신의 몸은 지금보다 열 배 더 깊이 이완됩니다. 당신은 그저 그렇게 되기를 원하기만 하면 됩니다. 자, 이제 눈을 뜹니다. 이제 눈을 감으세요. 그러면 마치 따뜻한 담요로 온몸을 감싼 것처럼 열 배 더 깊이 이완됩니다. (3회 이상 반복)

이번에는 최면가의 지시에 따라 눈을 떴다가 감습니다. 최면가는 제안하고 내담자는 이 사실을 충족합니다. 그리고 열 배 더 이완된다는 의미를 체험합니다. 프랙셔네이션은 3회 이상 반복하는 것이 보통입니다. 사실과 의미의 연결이 반복되면 맥락이 형성됩니다. 맥락은 강한 힘을 갖습니다. 눈을 뜨고 감는 사실과 열 배 더 깊이 이완되는 의미가 반복되면서 내담자는 더 깊은 이완의 맥락으로 들어갑니다. 최면가는 상대방이 이를 체험하고 있는지 확인합니다. 내담자의 몸이 더 묵직한 느낌으로 의자에 가라앉는 것을 확인합니다.

앞에서 언급한 것처럼 데이브 엘먼은 빠르게 깊은 최면에 드는 방법에 관심이 많았습니다. 그리고 다양한 실험을 하면서 내담자가 처음 최면에 들 때보다 두 번째 최면에 들어갈 때 더 빠른 속도로 깊은 최면에 들어간다는 사실을 발견했습니다. 그리고 두 번째 최면보다 세 번째 최면에 들어갔을 때 더 빠르게 깊은 최면에 빠진다는 것을 발견했습니다. 최면이 학습이라는 것을 생각하면 당연한 결과입니다. 깊은 최면에 들어가는 감각을 학습하면서 횟수가 반복될수록 더 빠른 속도로 이를 경험하는 것입니다. 그래서 기존에 일주일에 한 번씩 세 번 진행해서 더 깊이 들어갔던 것을 하루에 세 번 진행하면 어떨까 하고 테스트를 했습니다. 그 결과 여전히 같은 효과를 낳는다는 것을 확인했습니다. 그렇다면 한 번의 세션에서 최면을 세 번 걸면 어떻게 될까를 테스트하기에 이릅니다. 당시 최면 세션에서는 보통 한 번 눈을 감으면 최면에서 나올 때까지 눈을 뜨는 경우가 없었습니다. 그런데 마치 최면을 한 번 더 하듯이 눈을 떴다가 감으면서 더 깊이 이완된다, 열 배 더 깊이 이완된다고 하고 이를 반복했더니 마치 세 번 최면에 들어간 것처럼 깊은 최면에 빠르게 빠진다는 것을 발견했습니다. 이를 프랙셔네이션이라고 합니다.

엘먼과 달리 간접 최면을 진행했던 에릭슨은 다른 방법을 사용하였습니다. 에릭슨은 상담을 진행하면서 한 가지에 주의를 집중하도록 한 후 다시 관련 없는 듯 느껴지는 다른 이야기에 집중하도록 하였습니다. 이렇게 서로 다른 일화를 오고가는 것은 프랙셔네이션과 같은 효과를 지닙니다. 몰입과 체험의 맥락 아래에서 내담자는 더 깊이 최면에 집중하게 됩니다. 게다가 서로 다른 이야기에 연결된 의미를 발견하고 스스로 맥락을 세움으로써 마음이 변화하는 결과로 이어지게 됩니다.

4단계 팔 떨어뜨리기

잠시 후에, 저는 당신의 오른팔을 들었다가 떨어뜨릴 것입니다. 그리고 당신은 두 배 더 깊이 이완됩니다. 지금까지 당신이 저의 제안을 잘 따라왔다면 팔은 편안하게 축 늘어질 것입니다. (오른팔을 들어올린다) 저를 도우려고 하지 마세요. 무겁게 그대로 두세요. (팔을 살짝 떨어뜨린다) 좋습니다. 두 배 더 깊이 이완됩니다.

네 번째 순서는 테스트를 겸하고 있습니다. 3번까지의 순서를 잘 따라오며 이완되었는지를 실제로 팔을 들어서 확인하는 것입니다. 팔을 들었을 때 충분히 이완되었다면 대단히 묵직하게 늘어집니다. 이 단계는 내담자가 이완되었음을 민감하게 확인하지 못하는 최면가라도 확실하게 이완 여부를 테스트할 수 있도록 구성되어 있습니다. 아울러 여기서도 최면가의 제안이 사실이 되었을 때(팔이 떨어졌을 때) 연결된 의미가 체험되었는지를 확인합니다(내담자의 몸이 더 이완됨을 확인). 더불어 팔을 떨어뜨리는 행위는 은유적으로 이완을 더 촉진합니다. 떨어진다, 놓아버린다는 표현과 팔을 떨어뜨리는 행위가 은유적으로 맞닿아 있기 때문입니다.

5단계 숫자 망각

이제 몸의 이완은 끝났습니다. 하지만 당신은 몸을 이완하는 것과 같이 마음도 이완시킬 수 있습니다. 잠시 후에, 저는 당신에게 숫자 100부터 천천히 거꾸로 세도록 요청할 것입니다. 당신이 숫자를 말할 때마다 두 배 더 이완됩니다. 그리고 숫자 98에 이르면 당신은 완전히 이완되어서 더 이상의 숫자는 없게 됩니다. 이제 한번 해보겠습니다. 숫자를 말하세요. (내담자가 100이라고 말한다.) 두 배 더 이완되고 숫자가 점점 사라지는 것을 보세요. (내담자가 99라고 말한다.) 숫자가 점점 사라지는 것을 보세요. (내담자가 98이라고 말한다.) 숫자가 사라졌습니다. 제가 해드릴 수는 없습니다. 숫자가 사라지도록 하세요. 사라졌나요? (내담자의 대답을 확인한다.)

마지막 순서는 숫자 망각입니다. 엘먼은 내담자에게 이를 마음의 이완이라고 표현했지만 실제로 진행되는 과정은 제안된 맥락으로의 몰입입니다. 숫자가 사라지는 이미지에 몰입하면서 더 이상 아무런 숫자도 없는 상태에 집중하도록 하는 훈련입니다. 그 결과로 숫자를 떠올리지 못하게 함으로써 최면 망각을 테스트하는 것이기도 합니다. 사실과 의미를 어떻게 연결했는가에 주목하세요. 최면가가 마술처럼 숫자가 사라지는 현상을 일으키는 것이 아니라 사전에 내담자가 무엇을 해야 하는지 충분히 설명합니다. 숫자를 100부터 하나씩 세 나가다가 98을 말하면(사실) 모든 숫자가 사라지는 체험(의미)을 하자는 제안을 하고 실제로 내담자가 98을 말하자(사실 충족) 모든 숫자를 내담자가 지워버리도록 합니다. 사실에 연결된 의미를 체험토록 하는 것입니다.

여기까지 엘먼 유도법의 전 과정을 살펴보았습니다. 모든 과정이 사실의 제안, 그리고 사실이 충족되었을 때 의미의 체험이라는 두 단계로 이루어져 있음을 확인할 수 있습니다. 다시 말하면 이 두 단계를 사용하면 어떤 형식이든 최면 유도 과정으로 사용될 수 있다는 의미입니다. 물론 실제로 체험이 이루어졌는지를 확인하는 것이 필수적입니다. 엘먼 유도법은 영리하게도 유도 과정 안에 초보자도 체험 여부를 확인할 수 있는 테스트를 포함시켜 놓았습니다. 아울러 부분적인 신체 부위의 이완이라는 받아들일 만한 작은 체험에서 시작하여 숫자를 망각하는 것과 같은 쉽게 받아들이기 어려운 내용으로 점진적으로 이동하는 것을 알 수 있습니다. 유도법을 넘어서는 제안과 체험의 반복이 만들어내는 모든 최면과 세뇌 현상에 대한 실체는 저의 책 『최면 심리 수업』에서 확인하실 수 있습니다.

최면은 끊임없는 사실의 제안과 체험의 확인을 반복하는 과정입니다. 정확한 작동 원리를 모르는 채로는 아무리 뛰어난 최면가의 유도법을 배워서 그대로 읽어도 같은 효과를 얻을 수 없습니다. 최면뿐 아니라 NLP도 마찬가지입니다. 인증서를 가지고 있고 논리적으로 그럴듯한 설명을 할 수 있는 것, 얼마나 많은 기법을 알고 있느냐는 NLPer의 능력을 보장하지 않습니다. 겉으로 보이는 모습을 흉내 내는 것이 아니라 관계성에서 벌어지는 마음의 역동을 정확하게 확인하고 적절한 제안과 체험을 안내할 수 있을 때 최면과 NLP를 제대로 배웠다고 할 수 있습니다.

데이브 엘먼은 이 유도법을 정해진 스크립트로 생각하지 않았으며 사실과 의미를 연결하는 다양한 방식으로 내담자를 최면 상태로 유도했습니다. 하지만 그 모든 방식이 사실의 제안, 그리고 사실이 충족되었을 때 의미의 체험이라는 원리를 벗어나지 않았음은 물론입니다. 에릭슨도 이 핵심적인 원리를 이해하고 사용했습니다. 에릭슨은 더 나아가 내담자를 트랜스로 이끌 때, 이완의 필요성조차 느끼지 않았습니다. 긴장을 풀라거나 눈을 감으라고 직접 요구하지도 않았습니다. 무엇이든지 사실을 제안하고 연결된 의미를 경험하기 시작하면 이미 최면이라는 사실을 알고 있었기 때문입니다. 이번 장에서 엘먼 유도법을 분석한 것은 이 원리를 알기 쉽게 설명하기 위한 방편이었습니다. 이를 충분히 이해했다면 다음 장에서 이어지는 에릭슨의 사례도 쉽게 이해할 수 있을 것입니다.

10

진정한 밀턴 에릭슨의 후예가 되려면

상담에서 가장 중요한 것이 무엇인지를 묻는 질문에
에릭슨은 지극히 담담하게 대답했습니다.
"내담자의 고유한 경험적 언어를 사용하세요."
두 번째로 중요한 것이 무엇인지를 묻는 질문에는
마치 당연하다는 듯이 이렇게 말했습니다.
"당신의 고유한 세계를 벗어나
내담자의 고유한 세계로 한 발 들어가세요."

언어 패턴을 배우는 것의 한계

　　　　　　30대 초반의 내담자가 에릭슨의 상담실을 방문했습니다. 그는 방에 들어와서도 앉지 않고 부산스럽게 이리저리 걸어 다녔습니다. 그러면서 그는 자신의 문제를 조용히 앉아서 이야기 할 수 없다고 말했습니다. 그동안 여러 상담실을 방문했지만 두려워서 견딜 수가 없었으며 상담자 앞에만 서면 더욱 두려워져서 가만히 앉아 있을 수가 없다는 것이었습니다.

에릭슨 (일어서서 내담자에 맞춰 걸으며 빠른 목소리로) 당신이 지금 하고 있는 것처럼 계속 걸어 다니고 싶은데 도와주시겠어요?

내담자 (깜짝 놀라 걸음을 멈춘 채로) 도와달라고요? 상담실에 있을 때는 나는 계속 걸어야만 합니다.

에릭슨 걷는 것은 건강에 참 좋습니다. 이렇게 함께 걸으며 저와 대화를 해보면 어떨까요?

내담자 (잠시 주저하며) 좋아요.

에릭슨 조금 더 앞으로 갑시다. 이제 뒤로도 조금 더 가보지요. 왼쪽으로 돌아가세요. 오른쪽으로 돌아갑시다. 의자에서 떨어졌다가 다시 의자에 가까이 갑시다. (내담자의 걸음에 속도를 맞추던 에릭슨은 점점 속도를 늦춘다) 자, 당신이 앉을 수 있는 의자 오른쪽으로 떨어져 걸어가세요. 이번에는 당신이 앉을 수 있는 의자 가까이로 오세요. 이제 편안하게 휴식을 취하고 앉고 싶어질 수 있습니다. (에릭슨은 더 천천히 안정된 목소리로 말하며 당신이 앉을 수 있는 의자라고 표현한다)

마침내 내담자는 천천히 의자에 앉아서 에릭슨의 제안에 따라 자기 자신에 대한 이야기를 시작할 수 있었습니다.

상담실에 들어와 분주하게 걷는 내담자에게 에릭슨이 가장 먼저 한 일은 사실을 있는 그대로 지지한 것입니다. 내담자와 보조를 맞춰 걸으며 내담자가 경험하는 고유의 세계를 함께 체험하고자 한 것입니다. 사실이 있는 그대로 지지되었기 때문에 내담자는 비판력을 놓고 안심하면서 에릭슨의 제안을 따르기 시작합니다. 에릭슨은 오히려 내담자에게 계속 걸어다니도록 도와달라고 요청합니다. 어떤 상담실에서도 경험해보지 못한 에릭슨의 요청에 내담자의 고정된 패턴이 무너지기 시작합니다. 에릭슨의 여러 가지 제안(의자를 중심으로 앞으로, 뒤로, 왼쪽으로, 오른쪽으로 도는 행동)을 그대로 따르며 사실로 만들고 그와 연결된 의자에 앉아 휴식을 취하고 싶다는 의미가 체험됩니다. 사실과 의미를 다루는 명료한 최면의 구조가 성립된 것입니다.

에릭소니언 언어 패턴을 다루는 많은 강사와 책이 이를 예스 세트로 설명합니다. 그리고 내담자가 "예"라고 대답할 수밖에 없는 일련의 질문을 반복하고 마지막에 상담자가 바라는 말을 교묘하게 집어넣으면 그 암시를 받아들일 수밖에 없는 효과를 발휘한다고 말합니다. 여기서는 암시라는 잘못된 표현을 쓴 것이 참 적절하게 느껴집니다. 왜냐하면 내담자를 속이려는 의도가 담겨있기 때문입니다. 그리고 그 '기술'이 마치 에릭슨이 사용한 수많은 '기술'의 한 가지인 양 가르칩니다. 안타깝게도 이는 에릭슨을 잘못 이해한 결과입니다. 게다가 이 방법이 제대로 작동하는 경우는 거의 보기 어렵습니다. 예스 세트를 사용하려는 사람의 머릿속은 "어떻게 예스를 만드는 질문을 할까?"로 가득 차서 몸의 감각도, 상황과 맥락도, 상대방이 경험하는 세상도 전혀 느끼지 못하고 있기 때문입니다. 상담에서 가장 중요한 것이 무엇인지를 묻는 말에 에릭슨은 지극히 담담하게 대답했습니다. "내담자의 고유한 경험적 언어를 사용하세요." 두 번째로 중요한 것이 무엇인지를 묻는 말에는 마치 당연하다는 듯이 이렇게 말했습니다. "당신의 고유한 세계를 벗어나 내담자의 고유한 세계로 한 발 들어가세요."

에릭슨이 사용한 언어를 패턴으로 사용하여 원하는 결과가 나오기를 바라는 것은 마치 태권도 품새를 익히면 격투기를 잘 할 수 있다고 생각하는 것과 같습니다. 기술 이름을 외치며 뒤돌려차기를 하는 것으로는 실전에서 이길 수 없습니다. 멈춰 있는 표적은 누구나 잘 때릴 수 있습니다. 하지만 상대는 멈춰 있지 않고 끊임없이 고유한 움직임으로 흐름을 자신의 것으로 가져가려고 합니다. 여기서 흐름이란 무엇일까요? 흐름은 나와 상대방이 함께 체험하는 경험을 의미합니다. 그 흐름 안에서 상대방의 패턴을 파악하고 적절한 타격(제안)을 줄 수 있을 때 공격하는 것입니다. 이렇게 상대방의 패턴이 확인되고 나의 제안이 효력을 발휘할 때 우리는 이를 '흐름을 탔다' 또는 '흐름이 넘어왔다'고 말합니다. 흐름이 넘어왔다는 말을 설명해주지 않아도 우리는 그 감각을 이해합니다. 그 이유는 우리가 한번쯤 이 흐름이라는 것을 탄 경험이 있기 때문입니다. 내가 사실을 제안하고 상대방이 의미를 체험하는 상태일 때 우리는 흐름 안에 있다고 느낍니다. 그래서 스포츠 경기에서 해설자가 "좋아요. 흐름이 넘어 왔습니다." 라고 말하면 그게 무엇을 의미하는지 이해합니다.

NLP나 최면을 배우는 사람이 쉽게 빠지는 함정은 패턴을 배운다는 점입니다. 각종 언어 패턴, 말 잘하는 방법, 기믹 루틴*과 같이 일정한 형식을 몸으로 익히거나 머리로 이해합니다. 그리고 이를 일상생활에서 사용하면 효과가 나타나리라 기대합니다. 아쉽게도 이런 시도는 많은 경우 실패합니다. 왜냐하면, 에릭소니언 최면은 패턴을 익히는 것이 아니기 때문입니다. 에릭소니언 최면은 상대의 패턴과 공명한 뒤 패턴을 끊고 다시 새롭게 패턴화시키는 과정입니다. 다시 말해 패턴화되어야 하는 사람은 최면을 경험하는 사람이지 최면을 거는 사람이 아닌 것입니다.

흐름이 넘어왔다는 것은 내가 상대를 패턴화시키는 상태에 있다는 것입니다. 반대로 흐름을 빼앗겼다는 것은 나는 오로지 상대방의 움직임에, 제안에 반응하는 상태가 되어버린 것이죠. 오랜 기간 상위 랭킹에 있는 격투기 선수나 무패 복서의 경

---

* 본래 마술용어로 트릭이 숨겨진 마술도구를 활용하여 특정 상황에서 사용할 수 있도록 만든 일련의 형식. 최면을 걸 때 실패하는 것이 두려운 경우 일부 최면가는 마술의 속임수를 빌려서 활용하기도 한다.

기를 보면 항상 화끈하고 멋진 경기만 하지 않습니다. 최고 수준의 선수들은 기량이 평준화되어 있어서 항상 자기 흐름을 유지하기가 어렵습니다. 하지만 좀처럼 지지 않는 선수의 경우, 자기의 흐름을 잃었을 때 진흙탕 싸움을 하고, 클린치를 하며 엉겨 붙고, 흉할 정도로 도망가는 것에 부끄러움이 없습니다. 이런 행위는 모두 상대방의 흐름을 망가트립니다. 상대방의 제안에 내가 반응하는 상태를 만들지 않기 위한 끊임없는 미스매칭**mismatching의 과정인 것입니다. 그렇게 다시 내 흐름을 만들 때까지 상대방의 흐름을 엉망으로 만드는 사람은 멋진 경기는 아닐지언정 이기는 경기를 만들어냅니다.

절권도를 창시하기 전에 이소룡은 완벽한 패턴의 무술을 만들고자 했습니다. 모든 싸움에서 이기는 '패턴'을 익히고자 했습니다. 영춘권과 홍가권은 물론 근대식 권투, 프랑스의 격투기인 사바트와 태권도, 펜싱까지 익혔습니다. 하지만 모든 유형에 대응하는 패턴 만들기의 끝은 아주 단순했습니다. 상대

** 눈을 피하거나, 맥락에서 벗어난 이야기를 하는 등 상대방과의 상호작용을 고의적으로 어긋나게 방해함으로써 관계를 단절하는 것

방의 패턴을 끊고(截) 공격하는(拳) 시스템(道), 절권도를 만든 것입니다. 완벽한 패턴을 익히는 것이 아니라 상대의 패턴을 읽거나 패턴화하고 시전자는 패턴을 끊고 공격하는 시스템이 곧 절권도였습니다. 공교롭게도 이소룡은 격투기라는 영역에서 에릭소니언 최면가와 같은 길을 걸은 것입니다.

에릭소니언 최면에는 유도법이 없다

최면 강의를 끝마친 에릭슨이 최면 시연을 진행할 지원자를 요청하자 한 학생이 자원해서 나왔습니다. 에릭슨은 그녀에게 원하는 대로 편안한 의자를 골라서 앉으라고 말했습니다. 그녀는 자리에 앉고는 불현듯 담배를 피우고 싶다고 말했습니다. 에릭슨이 허락하자 그녀는 기분 좋게 담배를 피우며 담배 연기를 바라보았습니다. 에릭슨은 가볍게 그녀에게 담배를 입에 가져갈 때의 편안함, 흡연에 집중할 때의 만족감과 같은 감각에 대하여 이야기하면서 그녀와 호흡을 맞추었습니다. 그리고 담배를 쥔 손을 들고, 들이마시고, 내뿜고, 손을 내리는 그녀의 행동에 맞추어 행동을 그대로 묘사했습니다. 그러고는 눈꺼풀이 움직이면서 잠이 올 수도 있다고 가볍게 말했습니다. 담배를 모두 피우기도 전에 그녀는 트랜스에 들어갔고 에릭슨은 잠이 들어서도 흡연의 즐거움을 계속 맛볼 수 있다고 그녀에게 말하며 담배는 자신이 알아서 처리하겠다고 이야기 한 후 가져갔습니다. 그녀는 흡연의 즐거움을 계속 느끼며 잠을 자듯 깊은 트랜스로 빠져들었습니다.

에릭슨은 이처럼 내담자의 몸의 움직임, 행동, 비언어적 신호를 민감하게 감각하기 위해서 아주 세심하게 관찰하였습니다. 그 과정에서 에릭슨 자신도 트랜스 상태에 들어갑니다. 담배를 피우고 있는 학생의 경험을 공유하고 자신에게 느껴지는 감각을 생생하게 묘사하면서 상대방과 동조하고 비판력을 내려놓게 만들었습니다. 그리고 손을 들어 담배를 물고, 피우고, 다시 내리는 학생의 행동을 하나하나 그대로 묘사하여 사실을 제안하고 눈꺼풀의 움직임을 보며 잠이 올 수도 있다는 의미를 체험하도록 하였습니다. 사실과 의미를 연결하고 확인하는 과정을 반복한 결과 하나의 맥락이 발생하였습니다. 단단한 맥락 아래에서 학생은 담배 없이도 흡연의 즐거움을 마음껏 누릴 수 있었습니다.

에릭소니언 최면에는 유도법이 없습니다. 에릭슨의 관점에서 트랜스는 일상적인 경험의 한 부분이었으며 자연스러운 대화 속에서 언제든 촉발되는 현상이었습니다. 그렇기 때문에 에릭슨 유도법이라는 것은 존재하지 않으며 혹시 누군가 에릭슨의 사례를 바탕으로 유도문을 만든다고 해도 제대로 작동하지 않을 것입니다. 왜냐하면 에릭슨의 모든 최면 언어는 에릭슨과 내담자의 만남이라는 특정한 상황 안에서 내담자의 고유한 세계에 동조한 결과로 만들어졌기 때문입니다. 그러므로 에릭슨도 아니고 에릭슨의 내담자도 아닌 두 사람이 만난 자리에서 과거 에릭슨이 했던 말을 흉내 내는 것으로 같은 결과를 이끌어 낼 수 없는 것은 너무도 당연합니다.

데일 카네기Dale Carnegie의 『인간관계론』이라는 책이 있습니다. 꽤 오래된 책임에도 불구하고 자기계발 추천도서로 항상

상위권에 랭크되어 있는 스테디셀러입니다. 다양한 사례와 교훈을 읽다 보면 다른 사람이 바라는 점을 기가 막히게 읽고 채워주는 카네기의 모습에 놀라고는 합니다. 한 가지 아쉬운 점은 사례를 관통하는 원리를 가르쳐주기보다는 겉으로 드러난 행동과 결과만을 단편적으로 연결하여 설명한다는 점입니다. 이 책은 처음부터 끝까지 사례를 중심으로 구성되어 있습니다. 마치 에릭슨을 설명하는 많은 책이 사례를 분류하고 분석하는 데 그치는 것과 같습니다. 데일 카네기의 일화를 보다 보면 절로 같은 행동을 하고 싶은 마음이 일어납니다. 그런데 실제로 실천해보면 전혀 다른 결과를 낳는 경우가 의외로 많습니다. 저와 개인레슨을 했던 한 여성은 데일 카네기가 상대방을 존중하고, 높여주고, 듣고 싶은 말을 들려주었더니 상대방도 자신을 굽히고 데일 카네기를 존중했던 사례를 보고 자신도 비슷하게 행동했다고 합니다. 그런데 오히려 상대가 자신을 깔보고, 막대해도 괜찮다고 여기며 더 짓밟았다며 불평했습니다. 그분의 말을 빌리자면 카네기의 방법론은 '데일 카네기이기에 가능한 인간관계론'인 셈입니다. 분명 데일 카네기는 좋은 결과를 낳았던 행동이 왜 누군가에게는 다른 결과를 낳은 것일까요?

얼마 전에 낚시와 관련된 TV 프로그램을 보고 있었습니다. 낚시를 취미로 하는 연예인들의 실제 모습을 그대로 보여주는 버라이어티 프로그램으로 이경규, 이덕화 등 유명한 연예인들이 낚시라는 취미를 함께하며 티격태격하는 재미가 있었습니다. 취미로 하는 낚시지만 나름 자부심을 갖고 낚시 이론과 기술을 섭렵한 분들이었습니다. 그런데 프로 낚시인이 출연하여 선언하기를, "자신은 세 번의 캐스팅, 즉 낚싯줄을 던져서 세 번 만에 물고기를 잡겠다."라고 말했습니다. 프로그램을 보고 있던 저도, 함께 출연했던 연예인들도 "아무리 프로라도 그렇게 정확하게 계산된 낚시가 가능할까?"라는 의문이 들었습니다. 다들 의심 반 호기심 반으로 지켜보았습니다. 그런데 프로 낚시인은 진짜로 정확히 세 번째 캐스팅 후에 팔뚝만 한 생선을 낚아 올렸습니다. 그리고 한 번 더 보여주겠다고 말하고서는 다시 한 번 성인 남성의 팔뚝만 한 생선을 낚아 올립니다. 정말 놀랍고 신기한 광경이었습니다. 다들 같은 배 위에 타고 있었기 때문에 위치도 크게 다르지 않았고 낚싯대도 동일했습니다. 겉으로 보기에는 다른 출연자들과 특별히 다르지 않은 상황에서 그 낚시인만 홀로 놀라운 결과를 보여주었습니다.

이런 결과는 의식적인 분석이나 분류를 바탕으로 나올 수 있는 것이 아닙니다. 낚시를 하는 데 고려해야 할 정보가 대단히 많기 때문입니다. 프로 낚시인의 두뇌는 조류의 흐름, 바람의 방향, 수온, 캐스팅의 위치, 미끼가 얼마나 깊이 들어갔는지, 미끼의 종류와 잡고자 하는 어종의 상성 등 다양한 요소를 한꺼번에 조합하여 계산하고 있습니다. 이는 의식적인 생각이 아니라 낚시를 하는 내내 무의식이 실시간으로 정보를 주고받는 상호 피드백 작용입니다. 끊임없이 변화하는 역동적인 맥락 안에서 그는 미끼를 걸어 낚싯대를 던지는 제안을 하고 물고기는 그에 적절한 반응을 보이는 것입니다. 그 결과 다른 사람과 같은 배에 탔으면서도 혼자서만 팔뚝만 한 대어를 낚아 올릴 수 있었던 것입니다.

제가 여러분에게 제안하는 것도 이와 같습니다. 최면과 NLP를 배우는 많은 사람이 기법에 얽매여 머릿속이 분주합니다. 이중 구속, 잠입 명령문, 예스 세트에 대한 생각으로 가득한 채 상대방에 대한 개입과 우회에 몰입하느라 상대방이 전하는 언어적, 비언어적, 맥락적인 수많은 정보를 제대로 감각하지 못한 채 시간을 보냅니다. 내가 경험해야 할 것은 지금 여기에서 상대방이 체험하고 있는 세상입니다. 그 안에서 고착으로 묶여 있는 패턴을 해제하고 사실과 의미를 적절하게 다뤄서 맥락을 세울 때, 에릭슨이 사용한 말을 그대로 가져다 쓰는, '겉으로 보기에 같은 패턴'의 최면이 아니라 상대방의 무의식과 나의 무의식이 만나 협력적으로 만들어지는 진정한 에릭소니언 최면이 가능할 것입니다.

11

에릭소니언 최면에 실패는 없다

에릭슨의 가치를 이해하고 NLP를 배운 사람은
실패하지 않습니다.
왜냐하면 에릭슨의 방식에 실패란 없기 때문입니다.
제안에 대한 적절한 반응이 나오지 않으면
상대방과 접촉을 통해
다시 재조정해 나가는 것이 필요할 뿐입니다.

일상생활에 녹아 있는 에릭소니언 최면

에릭슨의 막내아들인 로버트가 하루는 집의 계단에서 넘어져 입이 찢어지는 사고를 당했습니다. 에릭슨이 울부짖는 아들의 소리를 듣고 달려왔을 때, 아이의 입에서 심하게 피가 흐르고 있었습니다. 에릭슨은 아들에게 말했습니다. "로버트, 상처가 났구나. 정말 아프겠다. 정말로 심하게 다쳤으니 말이야. 그런데 언제쯤 아픔이 그칠지 모르겠구나. 지금은 많이 아프지? 아프고 말고. 그런데 언제쯤 그 아픔이 멈출까?" 에릭슨의 말에 처음에는 아픔에 집중하던 로버트는 잠시 후 아픔이 언제 멈출지를 궁금해 하기 시작했습니다. 그리고 얼마 지나지 않아 울음을 그쳤습니다.

로버트를 화장실로 데려가 입을 씻어준 에릭슨은 아이를 병원에 데려가 상처를 꿰매야 할지를 살폈습니다. 로버트의 피가 계속 바닥으로 떨어지자, 에릭슨은 아내에게 말했습니다. "저 피 좀 봐 여보, 참 빨갛고 건강한 색을 띄고 있네. 피가 깨끗해서 상처가 빨리 낫겠는걸?" 자신의 피를 바라보던 로버트는 깨끗하고 붉고 건강한 피의 색깔에 집중하느라 상처의 통증과 두려움에 대해서는 잊고 말았습니다.

상처의 피를 다 씻고 나니 꿰매야 할 필요가 있다는 것을 알 수 있었습니다. 에릭슨은 아들에게 병원에 가서 꿰매야 한다는 이야기를 하고, 지난해에 로버트의 형도 다쳐서 꿰맨 적이 있다는 사실을 이야기하며 이렇게 말했습니다. "로버트 네가 과연 꿰매기 시합에서 형을 이길 수 있을까? 형은 모두 여섯 바늘을 꿰맸단다. 네가 이기려면 최소 일곱 바늘은 꿰매야겠는데?" 병원에 가서 치료를 받을 때, 의사는 소독을 하고 바늘로 상처 부위를 꿰매는 동안 아이가 침착하게 앉아 있는 모습에 깜짝 놀랐습니다. 상처를 다 꿰매고 나자 아이는 의사에게 물었습니다. "제가 몇 바늘이나 꿰맸어요?", "아홉 바늘이란다."라는 의사의 말을 듣자 아이는 상처 입은 입으로 일그러진 미소를 지어보였습니다.

상처로 울고 있는 아이에게 에릭슨은 뚝 그치라고, 남자는 우는 게 아니라고 말하지 않았습니다. 상대방이 겪고 있는 감정을 부정하거나 외면하지 않았습니다. 있는 그대로 충분히 인정하고 경험토록 하였습니다. 하지만 그렇다고 아이를 위로 받아야 할 존재로 대하고 자신을 위로해주고 달래주는 사람으로 규정하지도 않았습니다. 아이가 상처와 아픔에 지나치게 몰두하게 놓아두지도 않았습니다. 충분히 아픔이 인정 되고 나서 그 아픔을 멈출 수 있는 방향으로 주의를 연결함으로써 아이가 상처를 입고 난 다음 한 발짝 나아가도록 안내했습니다. 상처를 씻어준 뒤 바닥으로 핏방울이 떨어집니다. 흔히 피는 두려움과 연결되어 있습니다. 하지만 에릭슨은 피와 두려움의 연결이 체험되기 전에 재빨리 다른 의미를 연결합니다. 깨끗하고 붉은 피는 상처가 빨리 나을 것이라는 의미로 연결되었습니다. 상처가 낫는다는 맥락이 형성되고 아이는 상처를 꿰매기 위해 병원으로 향합니다. 병원에 가고, 의사를 만나고, 상처를 꿰매는 행위는 종종 불안, 고통, 두려움과 연결됩니다. 하지만 에릭슨은 상처 꿰매기를 형과의 시합으로 만들었습니다. 로버트는 상처 꿰매기 시합에서 형을 이기고 싶은 마음에 주의를 빼앗겨 기존의 의미(불안, 고통, 두려움)는 잊어버렸습니다. 사실과 의미를 다뤄서 맥락을 만드는 최면으로 과거와 현재, 미래를 자유롭게 연결하는 에릭슨의 모습이 마치 오케스트라를 이끄는 지휘자를 떠올리게 합니다. 하지만 이제 그 모습이 더 이상 신비롭고 마술적인 현상으로 보이지 않을 것입니다. 정교한 사실의 제안과 의미의 체험이 이어지고 있음을 알아차리실 수 있을 것입니다. 아홉 바늘의 상처를 꿰매고 비뚤어진 입으로 의기양양하게 웃고 있는 로버트의 모습은 일상생활에서 언제든 최면을 활용했던 아버지를 두었기에 가능한 것이 아니었을까요?

에릭소니언 대화 최면 강의를 진행하던 당시, 감기 기운으로 목 상태가 매우 좋지 않았던 적이 있습니다. 강의를 앞두고 목이 잠길 것 같아 걱정하고 있을 때 지인의 추천으로 동대문에 위치한 병원을 방문하게 되었습니다. 한낮인데도 사람이 꽤 많았습니다. 한참을 줄을 서서 기다려야 했습니다. 드디어 제 차례가 되어 진찰실로 들어갔습니다. 의사 선생님께서 "잘 오셨어요. 거기 소파에 가방과 재킷을 놓고 이쪽에 앉으세요."라고 말했습니다. 제가 그 말을 따라 재킷과 가방을 소파에 두고 앉자마자 의사 선생님이 "네, 편히 앉으세요. 편안하게 앉으세요. 네, 좋습니다. 편안하게 이쪽으로 와보세요."라고 말씀하셨습니다. 순간 살짝 놀랐습니다. 그러한 멘트만으로도 꽤 안심이 되었기 때문입니다. 그리고 "목이 아파서 왔죠?"라고 말씀하시면서 다른 증상은 무엇이 있는지 물었습니다. 접수할 때 간호사가 아픈 부위를 미리 물어봤었는데, 아마도 그 내용을 전달받으신 모양입니다. 저 또한 자연스럽게 증상을 말했습니다. "몸에 오한이 좀 있고, 몸이 지끈지끈하고 콧물이 많이 나고 목도 부어 있습니다." 의사 선생님은 저의 말을 하나하나 그대로 다시 말하면서 모든 증상을 다 확인한 후에 이렇게 말했습니다. "네, 좋습니다. 그러면 이쪽으로 와서 화면을 보세요." 그 화면은 치료할 때 의사가(또는 환자가) 환부를 확인할 수 있도록 코와 입안을 보여주는 화면이었습니다. (요즘은 그런 기계가 병원에 많이 있습니다.) 의사 선생님은 제게 정확하게 "화면을 보세요. 화면만 보시면 됩니다."라고 말씀하시며, "입 벌리세요, 아~ 하세요."라고 지시하고 "편도선이 조금 부었지만, 괜찮아요. 지금 약을 뿌립니다. 보이시죠? 네 좋습니다. 약을 뿌렸으니까 이제 괜찮아지실 거예요. 나가서 주사 한 대 맞으시고 5일분의 약을 드릴 테니까 이거 드시면 괜찮아지실 겁니다." 이렇게 말씀하셨습니다. 그리고 밖에 나가서 주사를 맞고 저녁에 약을 먹으니까 목이 훨씬 좋아졌습니다.

단순히 친절한 선생님으로 생각할 수 있는 치료 광경이지만 세부 사항을 보면 정확하게 최면의 형태를 취하고 있습니다. 처음 환자가 들어와서 의자에 앉기까지 과정을 그냥 두지 않고 모두 제안을 합니다. "가방과 재킷을 소파에 놓고 의자에 앉으세요."라는 아직 일어나지 않은 사실을 의사가 제안했고 저는 그 제안을 그대로 사실로 만들었습니다. 그리고 의자에 앉자 편안함이라는 의미를 연결합니다. 편안해진다는 제안을 편안한 목소리로 두 번 세 번 반복해서 말합니다. 보통은 진료할 때 이렇게까지 하지 않습니다. 간호사가 "저쪽에 가서 앉으세요."라고 말하고 환자가 알아서 의사 앞에 가서 앉습니다. 그리고 바로 진찰로 들어가는 경우가 대부분입니다. 다음으로 이미 제가 접수처에서 말해놓은 증상을 의사가 먼저 환자에게 말하며 더 구체적인 증상으로 들어갑니다. 그리고 구체적인 증상을 하나하나 다시 확인하며 환자가 비판력을 놓고 의식을 쉬도록 하였습니다. 다음으로 눈동자를 고정시킵니다. 이 또한 드문 상황인데 보통은 그냥 입을 벌리라고 합니다. 그런데 굳이 모니터를 보라고 이야기하는 의사는 처음이었습니다. 저는 모니터를 바라보며 시선을 고정한 상태로 입에 약을 뿌리는 모습을 직접 확인했습니다. 그리고 의사 선생님은 자연스럽게 "편도선이 부었네요. 제가 약을 뿌렸으니 이제 괜찮아질 겁니다."라고 의미를 연결했습니다. 이때 환자는 비판력을 놓고 의식을 쉬고 있으면서 눈을 고정하고 무비판적으로 의사 선생님의 제안을 받아들이고 있는 것입니다. 마지막으로 의사는 "주사 한 방 맞고 5일분 약을 잘 챙겨 먹는다."라는 일어나지 않은 제안을 하고, 제가 이를 사실로 만들면 괜찮아진다는 의미까지 연결하는 최면 과정을 모두 의료 행위에 담았습니다.

일반적으로 병원에 가면 일어나는 상황을 떠올려보세요. 간호사가 "이쪽으로 앉으세요."라고 말하고 의사는 말없이 앉아 있는 환자에게 다가옵니다. 그 다음에 증상을 묻고 의사는 모니터를 보며 환자가 말하는 증상에 따라 무엇인가를 키보드로 두드립니다. 그리고 "고개 들어 보세요. 입을 벌리세요."라고 말하며 알아서 치료를 진행합니다. 아무 얘기도 하지 않고 입에 약을 뿌리고, 콧속에 기계를 넣어 콧물도 흡입하고, 귀에 문제가 없는지 확인하는 등, 모든 작업을 혼자 다 마칩니다. 그러고 나면 "3일치 약을 드릴 테니 그때 다시 오세요."라고 말하고 다음 환자를 맞을 준비를 합니다. 환자는 처방전을 받고 병원을 나섭니다. 병원에서 흔히 일어나는 일입니다. '의사가 하는 일은 진단이며, 사람을 낫게 하는 것은 약이다.'라는 관점에서 보면 잘못된 것은 아무것도 없습니다. 마치 편의점에서 과자를 사고 음료수를 사듯이 그렇게 진료가 진행됩니다. 물론 의사로서 정확한 진단과 처방은 매우 중요하고 기본적으로 갖춰야 할 것입니다. 하지만 사람의 마음이 얼마나 대단한 힘을 가지고 있는지 이해하고, 의사라는 위치에서 환자에게 하는 말이 얼마나 강력한 최면 제안이 되는지 안다면 훨씬 놀라운 치료 효과를 일으킬 수 있을 것입니다. 진찰에 최면적 언어를 사용한 위의 사례와 같은 의사는 길지 않은 시간이지만 환자와 깊은 라포르를 형성합니다. 그래서 환자가 다른 사람에게 해당 병원을 추천하기도 하고, 아무리 거리가 멀어도 아프면 꼭 다시 그 의사를 찾습니다. 최면의 원리를 알고 보면 의외로 삶에서 이런 고수를 종종 발견합니다. 유명한 세일즈맨이나 유능한 강사, 의사 선생님을 만나면 최면의 원리가 적용된 언어 습관을 무의식적으로 사용하고 있는 것을 발견할 수 있습니다.

이러한 사례들을 통해 신비하게만 여겨졌던 최면에 대한 환상과 선입견이 많이 바뀌었을 것입니다. 에릭슨의 사례를 살펴보면 그 결과는 늘 놀랍지만 과정은 일상적인 대화를 벗어나지 않습니다. 어떤 트릭이나 술수를 필요로 하지 않습니다. 노출 최면에 대한 선입견에 고정되면 대화 속에 최면을 담기 어렵습니다. 꼭 눈을 감기거나 또는 그렇게 하지 않더라도 어린 시절을 경험하도록 유도하거나 뭔가 굉장히 생생하게 '상상하고 있는 상태'를 일상생활에서 만들어내려고 열심히 궁리합니다.

'최면은 상상하는 상태'라는 생각에 고착되어 버렸기 때문입니다. 실제로 대화 최면을 가르치는 많은 강사들이 타로카드를 같이 쓰거나 심리 테스트를 병행해서 가르칩니다. 생생한 상상이라는 굴레를 벗어나지 못하기 때문에 타로카드나 심리 테스트 같은 매개물이 필요한 것입니다.

심리 테스트를 활용하면 상상으로 유도하기가 편합니다. "당신 앞에 동굴이 있습니다. 이 동굴 속으로 들어가세요. 한 걸음 한 걸음 어둠 속으로 들어갑니다. 어둠 속에 눈이 익숙해졌더니 어둠 속 동굴에 나를 지켜보는 동물이 있습니다. 이 동물은 무엇일까요?" 이런 식으로 유도하면 듣는 사람이 "올빼미, 올빼미가 있어요."라고 대답을 하는 식입니다. 그러면 최면가는 "당신 안에는 올빼미와 같이 언제나 감시하고 단죄하는 자아가 있습니다." 이런 식으로 진행하면서 이를 대화 최면이라고 가르칩니다. 물론 구조상으로는 최면의 형식을 띠고 있습니다. 내가 제안한 사실을 따라가면서 의미를 체험했기 때문입니다. "동굴 안에 동물이 있다. 이 동물은 무엇일까?"라는 제안에 동물이 있다는 전제 하에 올빼미라는 답변을 했습니다. 최면가는 내담자의 말에 '자신을 감시하고 단죄하는 자아'라는 의미를 연결합니다. 분명 최면의 구조는 취하고 있습니다. 그러나 상상에 집착하게 되면 일상생활에서 대화 최면을 사용하기가 어렵습니다. 최면가는 타로를 보는 점쟁이가 아니며 심리 테스트는 가끔 재미로 하는 것 이상의 의미가 없으니까요. 노출 최면의 겉모습으로 에릭소니언 최면을 억지로 끼워 맞추다 보니 일어나는 안타까운 결과입니다. 하지만 여기까지 책의 내용을 정독하셨다면 이런 상상은 물론이거니와 제안된 사실을 받아들이고 의미가 연결되어 맥락이 만들어지는 모든 현상은 최면이라는 것을 이해하실 것입니다.

최면이 잘 걸리지 않는 이유

지금까지 우리는 에릭슨이 되어 에릭슨의 시선으로 사례를 살펴보고 최면의 핵심 원리가 에릭슨의 사례에서 어떻게 사용되었는지를 알아보았습니다. 책으로 수영의 원리를 이해해도 멋지게 물살을 가르며 나아가기 위해서는 허

우적거리는 과정이 필요한 것처럼 일상에서도 이 원리를 적용하고 결과를 확인하는 시간을 갖는다면 더디더라도 변화는 시작될 것입니다.

마지막으로 여러분이 실습을 진행할 때 혹시나 일어날 수 있는 최면이 잘 되지 않는 이유를 알아보겠습니다. 이를 미리 확인하고 부족한 점을 보완한다면 일상생활에서 최면과 NLP를 훈련하고 활용하는 과정에 좋은 지침이 될 것입니다.

비판력을 놓고 의식을 쉬게 하는 첫 번째 파트와 의미의 연결로 체험에 몰입하는 두 번째 파트로 최면이 성립되는 만큼, 최면이 되지 않는 이유도 이 두 파트가 원인이 되는 경우가 많습니다. 첫 번째는 비판력을 놓지 못하는 경우입니다. 우선 상대방을 조종하려는 목적으로 최면을 시도하면 성공하기 어렵습니다. 그 의도가 상대방에게 유익하다고 최면가가 판단하는 경우도 마찬가지입니다.

최면을 능숙하게 사용하는 의사가 있었습니다. 의사에게는 어린 아들이 있었는데 아버지의 눈에 학업 성적이 매우 못마땅했습니다. 아버지는 아들에게 C나 D가 아니라 A나 B의 성적을 받아야 한다는 최면 제안을 했지만 아들은 최면에 들지 못했습니다. 아버지로부터 자신의 있는 그대로의 현실이 받아들여지지 않았기 때문에 아들이 비판력을 놓을 수 없었기 때문입니다. 비판력을 놓으려면 내담자에게 있는 그대로 지지받고 있다는 감각이 전달되어야 합니다. 사실을 드러내는 과정은 상대방에 대한 온전한 지지라는 토대 위에 세워지는 것입니다. 하지만 많은 사람이 상대방을 있는 그대로 지지하는 것에 어려움을 토로합니다. 상대방을 있는 그대로 지지하지 못하는 이유는 세 가지가 있습니다.

첫 번째는 내 몸과의 연결이 끊어져 있는 경우입니다. 이런 경우는 타인과의 공감뿐 아니라 자신의 감정에도 이미 많이 무감각해진 상태입니다. 당연히 나의 감각과 감정에 무감각하기 때문에 다른 사람의 감각과 감정을 느끼기가 어렵습니다. 그렇게 감각과 감정이 차단된 채로 생각으로 문제를 해결하려고 하고 생각으로 감정을 추측하려고 합니다. 인지적 마음은 자기 완결적이고 고정되어 있기 때문에 공감하고 지지하거나 문제를 해결하고 새로운 결과를 만들어내지 못합니다. 이런 경우에는 끊임없이 몸의 감각에 주의를 기울여서 몸과의 관계를 회복하는 것이 최우선 과제입니다. 에릭슨은 의과대학에서 근육의 특성에 대한 지식을 배우며 소아마비로 제대로 움직일 수 없었던 근육을 적절하게 사용할 수 있도록 훈련하는 데 무려 10년이라는 세월을 보냈습니다. 그 결과 신체적 움직임에 대해서 극도의 민감성을 갖게 되었습니다. 자신의 몸에 대한 예민한 지각은 상대방의 심층 메시지를 파악하고 그에 적절한 맥락을 만들기 위해 사실과 의미를 다루는 능력을 갖추기 위한 가장 기본적인 조건입니다.

두 번째 이유는 내가 공감하려고 하는 감정이 내가 억압하거나 회피하는 감정인 경우입니다. 예를 들어 화를 못 내는 사람이라면 삶에서 억울한 상황이 닥쳐도 '나를 억울하게 만든 저 사람에게도 어떤 이유가 있겠지.'라고 생각하며 분노라는 감정을 회피하고 긍정적으로 생각하려고 노력합니다. 그런 사람은 다른 사람이 화가 나는 상황에 빠져 있을 때 화를 내는 사람에게 공감과 지지를 보낼 수 없습니다. 왜냐하면 나도 그 감정을 회피하고 경험하지 못하기 때문에 다른 사람에게 일어나는 감정에 공감하기 어려운 것입니다. 그래서 내 안에 있는 마음과의 관계가 정확히 타인에게 있는 마음과의 관계와 일치합니다.

세 번째는 공감과 지지를 하는 데 있어서 상황에 지나치게 집착하기 때문입니다. 예를 들어 전화를 자주 하지 않는 아들 때문에 섭섭해 하는 사람이 있습니다. 이 사람은 일주일에 한 번 전화를 하는 아들이 섭섭합니다. 그런데 경우에 따라서는 '일주일에 한 번이면 꽤 자주 하는 것이 아닌가?' 라고 생각할 수도 있습니다. 자식이 일주일에 한 번 전화를 하는 것은 사실입니다. 그리고 사실에 대한 의미는 사람마다 다르게 느낄 수 있습니다. 이를 분리할 필요가 있습니다. 사실은 사실로써 지지하되 그에 대한 경험은 상대방의 감각과 감정, 그래서 어떤 행동을 하고 싶은지 등에 대한 호기심으로 접근하는 것입니다. 중요한 것은 상대방이 경험하는 사실과 연결된 의미를 지지하는 것입니다. 사실에 연결된 나의 감각과 감정을 떠올려서는 상대방의 세계를 체험할 수 없습니다.

 상대방이 비판력을 놓고 나의 제안을 받아들일 준비가 되었음에도 최면이 잘 되지 않는다면 두 번째 이유를 살펴봐야 합니다. 이 경우는 의미의 연결이 잘 되지 않는 것인데, 의미의 연결이 잘 일어나지 않는 이유도 두 가지가 있습니다. 한 가지는 내가 그 의미를 체험적으로 알지 못하는 경우입니다. 내용을 지식으로만 알고 있으면 제대로 전달할 수 없습니다. 체험이 있어야 전달할 수 있고, 나아가서 상대방도 체험하고 있음을 내가 확인할 수 있습니다. 그러므로 내가 전달하고자 하는 체험을 지금 여기로 소환할 필요가 있습니다. 이를 에릭소니언 NLP에서는 임장감을 높인다고 합니다. 관념에 머무른 추상적인 상태에서 상대가 체험할 수 있는 수준으로 임장감을 높여 전달할 때 의미의 연결이 가능합니다. 그래서 항상 의미는 진실을 전달해야 합니다. 에릭슨이 상대방에게 트랜스를 유도할 때 종종 "나는 당신이 언제 트랜스에 들어갈지 모릅니다."라고 말했습니다. 이때 에릭슨은 정말로 모르는 것입니다. 에릭슨이 아이에게 "정말 놀랐어!"라고 말했다면 그것은 정말로 그가 놀람을 경험하며 전달한 것입니다. 이처럼 진실한 체험만이 상대방에게 체험을 전달할 수 있습니다.

의미의 연결이 잘 안 되는 두 번째 이유는 상대방이 내 말을 잘 이해하지 못하는 경우입니다. 우리는 언어를 매개로 대화합니다. 우리가 경험하는 감각에 이름을 붙여서 소통하는 것입니다. 하지만 이름과 연결된 주관적 감각 또는 감정은 개인마다 차이가 있습니다. 그렇게 나의 감각에 붙은 이름이 상대에게 전해지고 다시 상대방에게 체험으로 전달되는 과정에서 오류가 생겨서 이해가 되지 않는 것입니다. 이해가 되지 않으니까 체험이 일어나지 않는 것입니다. NLP에는 '선호표상체계 The preferred representational system'라는 개념이 있습니다. 이는 개인이 선호하는 감각 체계를 중심으로 세상을 경험하고 있음을 의미합니다. 시각, 청각, 체감각 등 외부를 지각하는 오감을 처리할 때 개인마다 선호하는 체험 방식이 존재합니다. 그리고 선호하는 체험 방식의 차이가 커뮤니케이션 오류를 일으킵니다. (자세한 내용은 〈에릭소니언 NLP 전문가 과정〉에서 다루고 있습니다.) 그러므로 나와 상대방이 사용하는 언어의 차이가 다른 체험을 일으킬 수 있음을 알고 듣는 사람이 제대로 체험하고 있는지를 꼭 확인해야 합니다. 그리고 다르게 체험하고 있을 때, 다시 상대방이 체험하기 쉬운 다른 언어로 제안하고, 또 확인하는 피드백을 통해 조정 과정을 거쳐야 할 것입니다.

만약 기타를 가르치는 사람이라면 머릿속에 기타를 배우는 방법에 대한 지도를 가지고 있습니다. 새로운 학생이 와서 기타를 몇 번 치는 순간 그는 자신의 지도에서 학생이 위치하는 곳과 더 나은 방향으로 가는 길에 대한 지도가 저절로 그려집니다. 지도가 있기에 상대방에게 무엇을 제안할지를 알고 (기타를 배운다면 어깨에 힘을 뺀다거나) 적절한 제안으로 학생에게 필요한 체험을 이끌어낼 수 있습니다. (이제 코드 연결이 쉬워졌어요!) 그런데 이때 선생님의 제안에도 불구하고 학생에게서 체험이 일어나지 않는다면 어떻게 해야 할까요? 선생님은 학생의 세계로 들어가 왜 자신의 제안이 체험되지 않는지 확인하고 다른 제안을 해야 합니다. 다시 말하면 상대방에게 체험이 되지 않을 때, 선생님은 왜 체험되지 않는지 학생과의 연결을 통해 확인하고 다시 제안해야 하는 것입니다. 좋은 선생님이란 학생이 체험하는 모델을 섬세하게 확인하고 그에 맞는 적절한 제안을 할 수 있는 사람입니다. 체험이 일어날 때까지 그 과정은 반복됩니다. 이처럼 최면은 학습이기 때문에 실패란 없습니다. 에릭슨은 이렇게 말했습니다. "상담자의 자극을 내담자가 어떻게 경험할 것인지 정확하게 예측할 수는 없다. 상담자가 가능성이 있다고 여기는 어떤 제안에도 내담자는 자신의 학습과 조화를 이루어 행동하게 된다. 그러므로 상담자의 제안은 내담자의 독특한 욕구와 연결되어 있어야 하며 그들이 경험하는 세상에 대한 이해를 필요로 한다."

에릭슨의 가치를 이해하고 NLP를 배운 사람은 실패하지 않습니다. 왜냐하면 에릭슨의 방식에 실패란 없기 때문입니다. 제안에 대한 적절한 반응이 나오지 않으면 상대방과 접촉을 통해 다시 재조정해 나가는 것이 필요할 뿐입니다. 재조정 후 새로운 제안과 체험이 이어지는 것입니다. 최면과 NLP를 잘못 배워서 기술이나 스킬로 이해하는 사람은 자신이 생각하는 결과가 나오지 않으면 혼란에 빠집니다. 그리고 또 다른 최면과 NLP 강의를 배우러 다니는 오류를 범합니다. 기타를 배우는 학생이 자신의 말을 제대로 이해하지 못한다고 선생님이 다시 기타를 배울 필요가 없는 것처럼, 가르치는 사람에게 필요한 것은 어떻게 하면 학생이 이해할 수 있을지 호기심을 갖고 탐구하는 것입니다. 우리가 무엇인가를 배워나가는 과정이 모두 최면과 같다는 것을 알고 그 원리에 대한 정확한 지도를 갖춘다면 내가 잘 아는 것을 다른 사람이 배울 수 있게 돕는 것처럼 나와 다른 사람의 마음도 도울 수 있습니다.

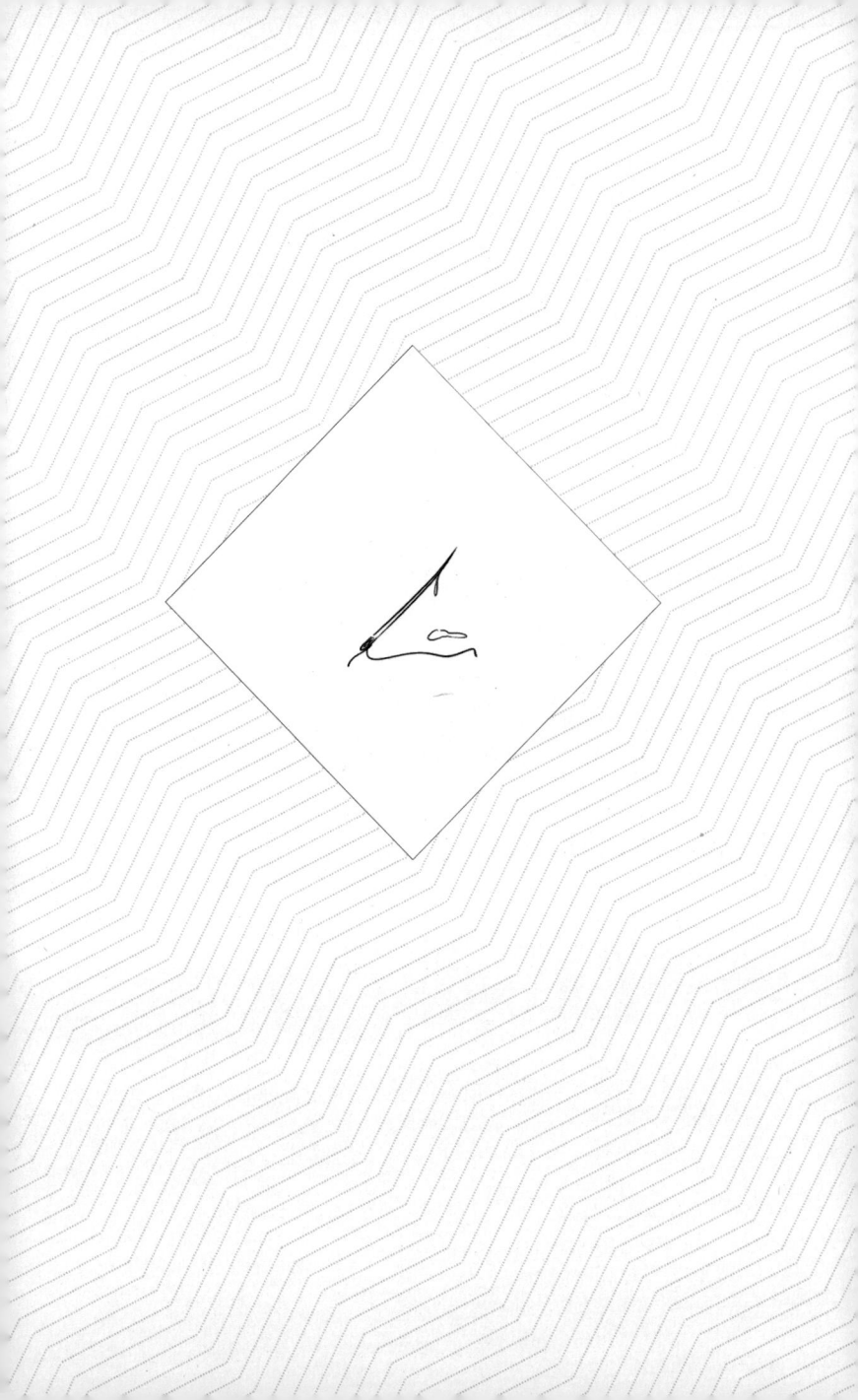

12

창조적 무의식이 변화의 근원이다

에릭슨은 이렇게 말합니다.

"많은 내담자는 자신이 모르는 능력을 가지고 있다.

의식은 잊어버렸지만, 무의식 안에는

다시 경험되고 활용될 수 있는

기억, 느낌, 감각을 가지고 있다.

나는 이러한 자원을 활용하기 위해 최면을 사용한다."

무의식을 바라본 에릭슨의 관점

최면에 대해 두려움을 가지고 있는 사람이나 의료인 중에 최면을 비판하는 사람들이 가진 최면에 대한 인식은 다음과 같습니다. 최면가가 내담자를 이완 상태로 유도합니다. 그러면 내담자가 푹신한 의자에 눈을 감고 온몸을 늘어뜨린 채 누워 있습니다. 만약 이 세션이 자신감을 향상시키기 위한 것이라면 이렇게 말합니다.

지금 당신은 조금 위축되어 있지만,

이제부터는 자신감이 생깁니다.

점점 에너지가 나고 힘이 납니다.

더 이상 위축된 자신은 없습니다.

자신감이 넘치는 자신을 느낍니다.

온몸을 긍정적인 에너지가 휘감습니다.

최면 세션에서 이런 파트는 극히 일부분으로 최면에서 깨운 후 온전한 각성 전에 잠시 거드는 정도입니다. 하지만 최면에 대해 비판적인 의료인이나 상담사가 가지고 있는 최면에 대한 인식은 이 정도에 불과합니다. 그 이유는 이른바 전통 최면 traditional hypnosis이라고 불리는 모습이 미디어를 통해서 이런 식으로 자리 잡았기 때문입니다. 최면이 발전해온 과정을 이해하면 이런 오해가 없을 텐데 참으로 안타깝습니다. 전통 최면에서는 내담자의 의식과 무의식을 모두 기계적인 것으로 간주합니다. 그래서 트랜스 작업으로 먼저 '의식을 잃어버리는' 일을 선행하고, 바르게 행동하는 법을 지시해주는 방식을 씁니다. 전통 최면에서는 무의식을 두 살 정도 어린아이와 같다고 여깁니다. 그래서 개인이 습관을 바꾸고 싶다면 위의 예시와 같이 의식을 우회하고 무의식이 최면가의 일방적인 지시를 따르도록 유도합니다. 이런 방식은 실제로 문제를 해결하기보다는 해결되었다는 느낌을 잠시 주는 것에 그치고 있습니다. 국내의 여러 NLP 센터에서도 방식의 차이만 있을 뿐 기본적으로 긍정적이라 여겨지는 감정을 추종하고 부정적이라고 이름 붙인 감정을 제거하려는 시도를 지속해서 하고 있다는 면에서 아쉬움이 남습니다. 이러한 활동들은 전통 최면과 현대 최면의 경계에 있다고 볼 수 있습니다.

현대 최면을 대표하는 정신과 의사이자 상담가인 밀턴 에릭슨은 달랐습니다. 그는 무의식에 창조적인 지혜가 담겨 있다고 보았습니다. 그리고 각각의 개인을 특별하고 고유한 존재로 여겼습니다. 이런 관점의 차이로 그는 최면을 일방적인 지시로 무의식을 프로그래밍 하는 것이 아니라, 인간의 창조적 무의식이 치유와 변형을 일으킬 수 있는 학습 상태라고 보았습니다. 에릭슨은 이렇게 말합니다. "최면이 내담자의 능력이나 성격을 바꾸는 것이 아니다. 최면은 단지 내담자가 자신의 정상적인 학습 능력을 활용할 수 있는 기회를 줄 뿐이다." 덧붙여 이렇게 말했습니다. "많은 내담자는 자신이 모르는 능력을 가지고 있다. 의식은 잊어버렸지만, 무의식 안에는 다시 경험되고 활용될 수 있는 기억, 느낌, 감각을 가지고 있다. 나는 이러한 자원을 활용하기 위해 최면을 사용한다."

무의식이 지혜의 원천이라는 사고는 기존 전통 최면의 패러다임을 뒤집는 매우 급진적인 생각이었습니다. 에릭슨은 이런 인식을 바탕으로 기존과는 완전히 다른 태도로 내담자를 만납니다. 그는 전통 최면의 권위적인 자세와 달리 내담자와 협력적인 관계로 소통했으며, 타인과의 의사소통을 고유하고 독특한 개인이 가진 경험과 패턴에서 나온 것으로 보고 상대의 세계에 대한 존중과 호기심으로 접근했습니다. 행위와 체험을 통해 자동화되고 관념에 갇힌 상태로부터 벗어나 구체적인 사실로부터 학습이 일어나도록 하였습니다.

에릭슨은 현대 최면가 중에서도 독보적인 위치에 있습니다. 에릭소니언 최면은 형식으로부터 자유롭습니다. 정신과 의사로서 노출 최면을 할 수 없었던 상황, 소아마비로부터 벗어나는 과정에서 생긴 극도의 민감성, 무의식을 대하는 패러다임의 전환이 완전히 다른 결과를 낳은 것입니다. 우선 에릭슨은 직접 최면 작업을 언급하지 않았기 때문에 최면의 사용에 한계가 없었습니다. 그리고 의식적인 마음을 우회의 대상으로 보지 않고 간접적 제안으로 내담자가 스스로 무의식의 자원에 접속하고 깨달음을 얻을 수 있도록 했습니다. 다시 말하면 일반적인 현대 최면이 '(누군가에게) 문제로 규정된' 마음의 감옥으로부터 내담자를 꺼내어 올바르다고 (누군가) 규정한 다른 감옥으로 옮기는 작업을 진행했다면, 에릭소니언 최면은 여러 마음을 자유롭게 누릴 수 있도록 무의식과의 관계를 변화시키는 것에 목적을 두고 있습니다. 우리가 에릭슨의 시선으로 무의식을 바라볼 때 마음에 갇히는 것이 아니라 진정 마음을 누리는 삶이 펼쳐지는 것입니다.

인간은 생존을 담당하는 영역에서 고통과 위협에 맞닥뜨릴 때 즉각적으로 신경학적 차단이라 불리는 자동화 반응이 일어납니다. 바로 투쟁Fight, 도피Flight, 경직Freeze 반응입니다. 재미있는 것은 우리가 나쁜 감정이라고 학습된 마음을 다룰 때 의식도 같은 반응을 보인다는 사실입니다. 부정적인 감정을 억압하고 없는 것으로 취급하거나, 부정적인 감정이 일어날 때 다른 감정이나 생각에 몰입함으로써 회피하고, 부정적인 감정 그 자체에 씌인 채 몰두하여 의식을 놓쳐버리는 것입니다.

밀턴 에릭슨은 의식이 부정적인 감정을 대할 때 위와 같은 자동화 반응으로 대응하는 것이 아니라 어떻게 바르게 관계해야 하는지를 정확하게 보여주었습니다. 부정적인 감정도 투명한 시선으로 호기심을 가지고 충분히 지지해주었던 것입니다. 관계의 변화는 신경학적 차단을 해제하고 모든 감각적, 감정적 경험이 무의식의 풍부한 자원과 연결되어 새로운 맥락으로 재구조화하고 개인이 성장할 수 있도록 만듭니다. 이 과정이 무의식과 관계하는 에릭소니언 최면입니다. 저는 밀턴 에릭슨이 무의식을 대하는 이러한 의식의 태도를 모든 개개인이 갖출 수 있도록 하는 것을 목표로 하고 있습니다. 무의식과 관계하는 법을 제대로 배우고 익힐 때 더 이상 마음을 억압하고, 회피하고, 마음에 휘둘리지 않고 모든 마음을 누리는 삶이 가능해집니다.

기법과 형식에서 생생한 체험적 삶으로

NLP를 포함한 많은 심리학 이론이 그 이론을 창시한 대가의 의도와는 달리 자신의 마음을 솔직하게 확인하고 다른 사람을 만나는 것을 방해합니다. 왜냐하면 창시자의 행동과 태도가 아니라 형식과 분석에 얽매이기 때문입니다. 많은 사람이 아직도 정해진 기법을 적용하면 동일한 결과가 나오리라고 기대합니다. 직장에서 사랑받는 직원이 되는 방법, 연애 성공 테크닉, 성공하는 대화법, 사람들 앞에서 말 잘하는 법을 찾아 책을 보고 강의를 듣고 몇 가지 방법론을 시험해보고 "이것도 소용이 없네."라고 말하며 또 다른 비법을 찾고 또 찾습니다. 기억해야 할 것은 우리가 스킬을 늘리려는 것이 아니라 궁극적으로 삶을 살고자 한다는 것입니다. 삶을 산다는 것은 다른 사람의 얼굴을 보고 무엇을 느끼는지 경험하고 또 내가 느끼는 것을 온전히 전달하고자 하는 것입니다.

저는 NLP의 공적 중 최고는 보이지 않는 마음의 움직임에 이름을 붙인 것이라고 봅니다. 게슈탈트 심리학, 프로이트 학파, 융 학파, 아들러 학파, 로저스 학파 중 누가 더 나은지 묻는 것은 태권도, 쿵후, 가라데, 크라브 마가, 복싱 중 누가 더 센지를 묻는 것과 같습니다. 결론은 제일 센 사람이 이깁니다. 상담은 잘하는 사람이 잘합니다. NLP는 그중 어느 것도 아닙니다. 복싱에서 직선으로 뻗는 주먹에는 스트레이트, 아래에서 위로 올려치는 것은 어퍼컷, 회전하며 타격하는 것은 훅이라고 이름을 붙임으로써 제대로 훈련할 수 있게 만든 것처럼 NLP는 인간관계의 역동에 이름을 붙였습니다. 이름을 붙이면 사람의 행동을 설명할 수 있게 됩니다. 그리고 그 사람처럼 하려면 '어떻게' 할지를 제안할 수 있습니다. 그런 의미에서 NLP는 모델링의 과학입니다.

반면 어떻게 마음과 관계해야 하는지를 잘 보여준 사람이 바로 밀턴 에릭슨입니다. 기법과 형식에 얽매이면 체험을 잃어버리게 됩니다. 밀턴 에릭슨의 최면을 제대로 사용하기 위해서는 머릿속을 벗어나 삶으로 뛰어들어야 합니다. 적극적 체험 안에 있으면서도 자신의 위치를 알고 있어야 합니다. 사실을 제안하고 의미의 체험을 확인하는 과정이 끊임없이 반복되어야 하는 것입니다. 마치 축구선수가 공을 쫓아 달리는 와중에도 경기장에서 자신의 위치와 수비수, 동료 공격수들의 위치를 파악하는 것과 같습니다. 단 한순간도 같은 순간은 존재하지 않습니다. 공을 찰 때의 바람의 방향, 세기, 자기 자신의 근육의 긴장과 이완 정도, 잔디의 상태, 골대와의 거리, 상대 수비수들의 움직임, 무엇 하나 동일한 순간은 없지만 모든 요소를 경험하며 행동(제안)하고 반응을 확인하며 움직입니다.

아무리 전설적인 축구선수도 "다음 월드컵은 누가 우승할까요?"라는 질문 앞에서는 철저히 '모름'일 수밖에 없습니다. 왜냐하면, 모든 순간은 같지 않기 때문입니다. 에릭슨이 사람을 만나고 세상을 경험할 때 가졌던 '모름'의 태도가 에릭소니언 최면의 핵심인 이유입니다. 동일한 상태는 존재하지 않기에 우리는 지금 여기에서 모든 사실과 의미에 대하여 호기심을 가지고 주의를 기울일 수 있습니다. "어떤 진단을 받은 사람에게 특정한 프로세스의 접근법을 취하면 해결되는가?"라는 질문에 밀턴 에릭슨은 이렇게 대답했습니다. "나는 모릅니다. 하지만 무엇이 가능한지를 발견할지 정말 궁금합니다." 에릭슨은 대화를 진행하면서 사실의 발견과 의미의 체험이 반복되는 과정에서 일어날 모든 가능성에 대하여 열려 있었기 때문에 변화를 이끌 수 있었습니다.

에릭소니언 최면과 NLP로 모든 인간관계의 개선과 사회적 성공을 이룰 수 있을까요? 저는 모릅니다. 하지만 당신이 이 책의 내용을 바탕으로 삶에서 무엇이 가능한지를 발견할지 정말 궁금합니다.

참고문헌

Erickson, B. A. Keeney, B. *An American Healer*. Leete'S Island Books. 2006.

Erickson, M. H. *"Hypnosis: A general review, Diseases of the Nervous System"*. Erickson Foundation. 1941.

Erickson, M. H. *a lecture by Milton H. Erickson, Los Angeles, October 19*. Erickson Foundation. 1957.

Erickson, M. H. *a lecture by Milton H. Erickson, Stanford, May 27*. Erickson Foundation. 1961.

Erickson, M. H. *"A Hypnotic Technique for Resistant Patients: The Patient, the Technique, and its Rationale, and Field Experiments"*. American Journal of Clinical Hypnosis Erickson Foundation. 1964.

Erickson, M. H., Rossi, E. L. *Varieties of double bind*. American Journal of Clinical Hypnosis 1975.

Erickson, M. H. *a teaching seminar by Milton H. Erickson, Phoenix, June*. Erickson Foundation. 1977.

Erickson, M. H., Rossi, E. L. *Hypnotherapy: An Exploratory Casebook*. Irvington Pub. 1979.

Haley, J. *Conversations with Milton H. Erickson, M.D., Volumes I-III*. Triangle Press. 1985.

Haley, J. *Uncommon Therapy*. W. W. Norton Company. 1993

O'Hanlon, W. H. *A Guide to Trance Land*. W. W. Norton Company. 2009.

Parsons-Fein, j. *In the room with Milton H. Erickson M.D. DVD*. Parsons-Fein Press. 2013.

Rosen, S. *My Voice Will Go with You*. W. W. Norton Company. 1991.

Rossi, E. L. *The Collected Papers of Milton H. Erickson on Hypnosis, Vol. 1-4*. John Wiley Sons Inc. 1980.

Rossi, E. L., Ryan, M. O. *Mind-Body Communication in Hypnosis*. Irvington Pub. 1987.

Short, D., Erickson, B. A., Erickson-Klein, R. *Hope and Resiliency*. Crown House Publishing LTD. 2005.

Zeig, J. K. *A Teaching Seminar With Milton H. Erickson*. Brunner/Mazel. 1980.

Zeig, J. K. *Brief Therapy: Lasting Impressions*. Erickson Foundation. 2002.

고기홍, 김경복, 양정국. *밀턴 에릭슨과 혁신적 상담*. 시그마프레스. 2010.

손지상. *스토리 트레이닝*. 온우주. 2015.

신용협. *생활속의 NLP*. 지혜와지식. 2017.

밀턴 에릭슨에게 NLP를 묻다
무의식의 가능성을 여는 밀턴 에릭슨의 대화법

초판 1쇄 발행 2018년 12월 7일

지은이 정귀수
일러스트 EASY :D

펴낸곳 저절로북스
출판등록 2017년 1월 17일 제 25100-2017-000007호
주소 서울시 노원구 섬밭로 265 16-1405
팩스 02-2179-9891
이메일 wisdomseller@naver.com

copyright ⓒ 정귀수 Kwisoo Jeong, 2018, Printed in Seoul, Korea

ISBN 979-11-960140-2-5 (03180)
+잘못 만들어진 책은 구입한 곳에서 교환해드립니다.

이 책에 실린 모든 내용, 디자인, 이미지, 편집 구성의 저작권은 저절로북스와 지은이에게 있습니다.
또한 출판사와 지은이의 허락 없이 개인, 단체 등의 교육 자료로 사용될 수 없습니다.